解いて学ぼう

留学生の就職活動

栗田奈美・宮崎道子
稲垣由子・保坂佳奈子 ［著］

スリーエーネットワーク

Published by 3A Corporation.
Trusty Kojimachi Bldg., 2F, 4, Kojimachi 3-Chome, Chiyoda-ku, Tokyo 102-0083, Japan

ISBN 978-4-88319-935-8 C0081

First published 2023
Printed in Japan

はじめに

　本書は、国内の大学・専門学校などに在籍し、日本企業への就職を希望する中級以上の外国人留学生に向けたテキストです。練習問題を解きながら、日本における就職活動の概要を理解し、就職活動に必要とされる実践的な日本語運用力を身につけることを目的としています。

本書の特色

① 就職活動の流れに沿った構成

自己分析から面接試験まで、実際の就職活動の流れに沿った構成となっており、順を追って就職活動の準備を進めることができます。

② アクティブ・ラーニングへの対応

就職活動の様々な場面に関する設問に対し、個人やグループで答えを考えてから解説を確認していくため、学習者は常に能動的に学習できます。また、自身の将来設計にもとづき、それぞれの志望企業に向けた主体的な練習が可能です。

③ バランスの取れた練習問題

各課の練習問題はStep 1 からStep 3 までの段階に分かれており、無理なく到達目標に至ることができます。また、語彙・読解・聴解・聴読解問題、会話練習、作文などバラエティーに富んだ内容となっています。

④ 豊富な実例

各課の練習問題には自己PRや志望動機の例が数多く含まれているため、それらを参考に自身のエントリーシート・履歴書作成や面接準備ができます。

⑤ 1学期の授業時間への対応

大学や専門学校の1学期の授業回数を考慮し、1冊を13回程度（1回90分）で扱える内容となっています。

本書の作成に際し、スリーエーネットワークの田中綾子さん、溝口さやかさん、中川祐穂さんには多くの貴重なご助言とご尽力をいただきました。心より御礼申し上げます。

2023年12月

筆者

本書の構成と使い方

この本は①〜③で構成されています。
①本冊（全8課、資料、語彙索引）
②別冊（語彙リスト、解答と解説、聴解・聴読解問題スクリプト）
③ダウンロード教材・音声（記述問題のためのタスクシート、聴解・聴読解
　問題などの音声）

本冊

1. 李さんと鈴木さんの会話

各課の初めで、これから就職活動を始める留学生の李小鈴さんが、大学のキャリアセンター職員の鈴木さんに質問をしています。二人の会話を読んで、課のテーマについてのキーワードや情報を確認しましょう。

令和大学政経学部経済学科　李小鈴

令和大学キャリアセンター職員　鈴木

2. 練習問題

練習問題はStep 1からStep 3に分かれています。どの問題もまず自分で答えを考えたり、グループで相談したりしてから、別冊の「解答と解説」で確認します。

Step 1

その課の活動に必要な知識やことば、表現を学びます。

Step 2

聴解、聴読解、読解問題を通して、就職活動に関する理解を深めます。

Step 3

Step 1、Step 2で学んだ内容をもとに、会話練習や作文練習をします。実際の就職活動の準備をします。

3．資料

エントリーシート・履歴書作成や面接準備のために確認したい時に利用してください。

①就職活動で使われる丁寧な表現

②一般的な新卒採用面接

③お辞儀の種類

別冊

1．語彙リスト（英語、中国語、ベトナム語訳付き）

日本語能力試験N1以上に相当すると思われるものを中心に、就職活動でよく使われることばを取り上げています。ことばが難しそうな場合は、練習問題をする前に「語彙リスト」を勉強しておきます。

2．解答と解説

練習問題の解答だけでなく、就職活動に役立つポイントを丁寧に説明しています。

3．聴解・聴読解問題スクリプト

練習問題の答えを確認する時に読みます。

ダウンロード教材・音声

Step 3の記述問題で使うタスクシート（ Web のついているもの）、聴解や聴読解問題の音声は以下のURLからダウンロードして使うことができます。

https://www.3anet.co.jp/np/books/4034/

本書を使って教える方へ

学習時間

　想定する学習時間は、1、2、4、5、8課は180分（90分授業×2コマ）、3、6、7課は90分（90分授業×1コマ）です。1冊を計13コマで扱うことができます。

授業の進め方

　授業の冒頭でその課のテーマに関して知っていることを学習者に紹介してもらった上で、李さんと鈴木さんの会話をグループで読み、分かったことや疑問に思ったことをクラスで共有するといいでしょう。その課の学習が終わった時点でそれらの疑問点がすべて解消されているよう、意識して授業を進めます。

　練習問題は、**Step 1**から**Step 3**へと少しずつ難易度が上がります。グループワークや発表を取り入れながら授業を行い、学習者が主体的に日本での就職について考え、準備ができるように工夫するといいでしょう。特に、**Step 3**はその課の総仕上げとして学習者自身の就職活動に繋がるような作業を中心としています。実際の就職活動に活用できるよう、フィードバックを行うとより効果的です。別冊の就職活動のポイント（💡の箇所）も活用できます。

　Step 3の記述問題は、タスクシートがスリーエーネットワークのWebサイトからダウンロードできますので、学習者に配布して宿題にすることもできます。

　本書はN2レベル以上の学習者を主な対象としていますが、学習者のレベルによっては、語彙が難しいと感じる人がいるかもしれません。必要に応じて、別冊の「語彙リスト」を利用して語彙の予習を促してください。

目次

別冊　語彙リスト
　　　　解答と解説、聴解・聴読解問題スクリプト

1 自己分析をしよう！

李さん

Q 1
「自己分析」って何ですか。

A 1
自分がどんな人間なのかを知るために、
自分の考え方や経験を整理する作業です。

鈴木さん

李さん

Q 2
どうして「自己分析」が必要なんですか。

A 2
① 自分をよく知ることにより、自分に合った仕事を見つけるためです。
② エントリーシートや履歴書、面接で、自分を上手にアピールするためでもあります。

鈴木さん

李さん

Q 3
どんなことについて分析するんですか。

A 3
① まず、性格・強み・価値観など「**現在の私**」について考えます。
そして、
② 「**今までの私**」を振り返り、5年後や10年後の「**これからの私**」について考えます。
③ 日本への留学目的など、「**日本と私**」との関係を考えることも大切です。
最後に、
④ 自分を客観的に見るために「**ほかの人から見た私**」についても考えましょう。

鈴木さん

Step 1

問題1

5人の留学生が「学生時代に力を入れたこと」をもとに、自分の強みを考えています。それぞれの強みを表す最も適当な言葉を下の□□から選んで、記号を（　　）に書いてください。

私の強み…。

① 李さん：

学園祭の実行委員として、宣伝の仕事を担当した。ポスターを作ったり、SNSを活用したりして学園祭の情報を宣伝し、目標としていた1万人のお客さんを集めることができた。

（　　）

② タパさん：

アルバイト先のスーパーで売れ行きのよくない商品があったため、商品の並べ方を変えることを店長に提案したところ、売り上げが2倍になり、店長に高く評価された。

（　　）

③ スレスタさん：

留学生20名、日本人学生30名が参加する国際交流サークルのメンバーとして、日本人学生とも協力しながら季節ごとのイベントを成功させた。　　　　　　　　　（　　）

④ グエンさん：

新聞配達とコンビニのアルバイトをしながら、自分で大学の授業料を稼いだ。経済的にも時間的にも余裕がなく大変だったが、GPA 3.0以上をキープし、勉強と両立させた。

（　　）

⑤ キムさん：

ゼミのグループ研究で、なかなか意見がまとまらないことがあった。そこで、自分が先頭に立ってメンバーの意見を聞き、作業を分担して研究を進めた結果、高い評価を受けることができた。

（　　）

---

a. 協調性がある　　　b. 忍耐力がある　　　c. 実行力がある

d. リーダーシップがある　　　e. 提案力がある

問題2

就職活動では自分の短所も上手に説明する必要があります。短所は長所と「表と裏の関係」になっていることが多いです。次の文を読んで、（　　）に当てはまる言葉を下の□□から選んで、記号を書いてください。

① しっかりと自分の考えを持っているのが長所だと思います。その反面、どんな時も周りの人の考えに影響されない、やや（　　）なところがあります。そのため、ほかの人の考えもよく聞き、いい点はどんどん取り入れるように気をつけています。

② （　　）で物事を進めるのに時間がかかってしまうところがありますが、その反面、失敗のないように準備をし、慎重に取り組むことができます。

③ 非常におおらかで、何か問題が起きても慌てずに行動することができる反面、やや（　　）なところがあります。そのため、サークルやゼミなど、グループで活動する時は、周りの人の様子にも注意するようにしています。

④ 何があっても決められた時間や規則は必ず守り、人に迷惑をかけないところが長所ですが、友人からは（　　）すぎると言われることがあります。そのため、人にも自分にも厳しくなりすぎないように注意しています。

⑤ （　　）なところがありますが、向上心が強く、ほかの人よりいい結果が得られるように常に努力しています。

a. 心配性	b. 頑固	c. 真面目
d. 負けず嫌い	e. マイペース	

問題1 🔊01

留学生の李さんが日本人学生の阿部さんと将来について話しています。李さんが話した内容として最も適当なものを選んでください。また、あなた自身の①〜⑤について、友達と話してみましょう。

① 日本に興味を持ったきっかけ

  a. 親戚と一緒によく日本を旅行したこと

  b. 親戚から日本の話を聞いたりお土産をもらったりしていたこと

  c. 親戚が日本に留学していたこと

② 日本への留学理由

  a. 日本で仕事をしたかったから。

  b. 親が日本で仕事をしていたから。

  c. 親戚にすすめられたから。

③ 日本での就職を希望する理由

  a. 質の高い日用品を作ってみたいから。

  b. 日本の日用品を中国の人たちに紹介したいから。

  c. 自分の語学力を高めたいから。

④ 希望する就職先

  a. 日用品を販売するスーパー

  b. 洗剤やティッシュを生産するメーカー

  c. 生活用品を扱う専門商社

⑤ 将来の自分

  a. 5年ぐらい日本で働く。

  b. 新しい目標ができるまで日本で働く。

  c. できるだけ長く日本で働く。

問題2　🔊 02

就職活動中の留学生の劉さんが、部活の先輩に下の「自分史」を見せながら相談しています。自分史を見たり、会話を聞いたりして、質問に答えてください。

	印象に残った出来事	頑張ったこと	失敗したこと・苦労したこと	資格・もらった賞など
小学校	3年生の時、引っ越した。	毎朝父と一緒にジョギングをした。	新しい学校でなかなか友達ができなかった。	運動会のリレー競走で1番になった。
中学校	初めて日本の漫画を読んだ。	陸上部に入って毎日練習した。	陸上部の練習と勉強の両立が大変だった。	町の大会の1000メートル走で優勝した。
高校	日本語の勉強を始めた。	陸上部の部長として練習計画を立てた。	練習方法をめぐって、部員と意見の対立があった。	高校の日本語スピーチコンテストで2位になった。
日本語学校	コンビニでアルバイトを始めた。	毎日新しい単語を5つずつ覚えた。	通学時間やアルバイトの休憩時間も使って勉強した。	日本語能力試験N2に合格した。
大学	陸上部の練習中に大きいけがをした。		陸上部のマネージャーになった。	日本語能力試験N1に合格した。BJTビジネス日本語能力テストJ1を取得した。

Q1　劉さんが日本に興味を持つようになったのは、いつですか。

Q2　劉さんが大学で陸上部のマネージャーになったのは、どうしてですか。

Q3　先輩のアドバイスを聞いて、表の空欄に適当な文を書いてください。

Step 3

問題1 Web↓

自己分析をしましょう。

① 現在の私

長所 （具体例）	
短所 （短所を克服 するために している努力）	
趣味・特技	
資格	
話せる言語	
専門	

② 今までの私

	印象に残った 出来事	頑張ったこと	失敗したこと・ 苦労したこと	資格・ もらった賞など
小学校				
中学校				
高校				
日本語 学校				
大学／ 専門学校				

③ これからの私

	生活	仕事
5年後		
10年後		
20年後		
30年後		
50年後		

④ 留学生としての私

日本に興味を 持ったきっかけ	
日本への 留学理由	
日本での就職 を希望する理由	

2 仕事を決めよう！
（業界・職種・企業・在留資格研究）

Q1

「業界・職種」って何ですか。

李さん

A1

「業界」とは、企業の種類で分けた大きいグループのことで、製造業やサービス業などがあります。

「職種」というのは仕事の種類のことです。例えば営業です。

鈴木さん

Q2

どうしていろいろな業界を知る必要があるんですか。

李さん

A2

自分に合う仕事を見つけるためです。

それに、面接でどうしてこの業界を選んだかなど、**業界に関する質問をされることも多い**です。

鈴木さん

Q3

就職が決まったら「在留資格」がもらえるんですよね？

李さん

A3

就職が決まっても、**在留資格がもらえなくて、帰国しなければならないこともある**んですよ。就活（就職活動）を始める前に在留資格について知っておきましょう。

鈴木さん

問題1

次の業界は、どんなことをしているでしょうか。①〜⑦に合う説明を線で結んでください。

① メーカー（製造）　　　•

② 小売　　　•

③ 商社　　　•

④ 金融　　　•

⑤ サービス・インフラ　　　•

⑥ ソフトウェア・通信　　　•

⑦ 広告・出版・マスコミ　　　•

• a. 情報の処理や提供、伝達を行う。

• b. サービスや社会基盤になるものを提供する。

• c. お金を貸したり、運用したりする。

• d. 貿易を行ったり、売り手と買い手の間の取引を仲介したりする。

• e. モノを作る。

• f. 情報を発信する。

• g. モノを消費者に売る。

問題2

①〜⑦の説明に合う言葉を下の□から選んで、記号を（　　）に書いてください。

① 企業がある場所　　　　　　　　　　　　　　　　（　　）

② 企業が大事にしている考え方　　　　　　　　　　（　　）

③ 社会の利益になる活動　　　　　　　　　　　　　（　　）

④ 企業が商品・製品などを販売して得た売り上げの金額　　（　　）

⑤ 従業員の生活をよくするための制度やサービス　　（　　）

⑥ 事業を始めるために用意したお金　　　　　　　　（　　）

⑦ 商品やサービスを売る相手　　　　　　　　　　　（　　）

a. 資本金	b. 売上高	c. 所在地	d. 顧客
e. 企業理念	f. 社会貢献活動	g. 福利厚生	

Step 2

問題1　　◀)) 03

タパさんと林さんが業界のリストを見ながら話して
います。メモを取りながら会話を聞いて、次のペー
ジの質問に答えてください。

業界	例	業界	例
メーカー （製造）	食品 医薬品 化粧品 機械 自動車	サービス・ インフラ	鉄道・航空 陸運・海運・物流 ホテル・旅行 外食・レストラン・ 　フードサービス 福祉・介護 教育 人材サービス
小売	デパート スーパー コンビニ 専門店	ソフトウェア・ 通信	インターネット ソフトウェア ゲームソフト 通信
商社	総合商社 専門商社	広告・出版・ マスコミ	放送・新聞 出版 広告 芸能・映画・音楽
金融	銀行 証券 クレジットカード 保険		

【参考】マイナビ 2025 業界地図　https://job.mynavi.jp/conts/2025/gyoukaimap/index_v.html

リクナビ 2025 業界ナビ　https://job.rikunabi.com/contents/industry/881/

Q1 タパさんはどんな商品を開発したいと言っていますか。

Q2 林さんはどうしてシステムエンジニアの仕事に興味があるのですか。

Q3 業界のリストを見て、タパさんと林さんが志望する業界はどこか答えてください。
（例 <u>小売</u> の <u>デパート</u>）

タパさん　　志望する業界（　　　　　　　　　）の（　　　　　　　　）

林さん　　　志望する業界（　　　　　　　　　）の（　　　　　　　　）

問題2

次の企業研究シートを見て、次のページの質問に答えてください。

企業名	新宿食品

企業情報

代表者	代表取締役社長　山田太郎
資本金	4,200万円
売上高	50億円
従業員数	292人
本社・事業所の所在地	■本社：〒123-4567　東京都千代田区八番町1－2 ■支店：札幌、東京、北京（中国） ■工場：つくば工場（茨城県つくば市）
企業理念	心を込めて作った食品をお客様に届ける。
事業内容	食用油、加工食品の製造、販売
顧客・取引先	食品メーカー、スーパー、コンビニ
企業の強み	技術力が高い。取引先が多く、安定性がある。
今後の事業	海外事業を広げる予定。
社会貢献活動	地域の清掃、ボランティア活動に参加している。

採用情報

募集職種	貿易事務（勤務地は本社または支店所在地）
求める人物（応募資格）	専門学校卒以上。目標に向けてチャレンジできる。 中国語ができる。
採用予定人数	5名（昨年度実績　男性8名、女性2名）
初任給	206,000円
賞与・昇給	賞与年1回（6月）　昇給年2回
休日	週休二日制（土日）、年間休日日数120日
福利厚生	■社会保険完備　■退職金制度　■通勤・家族手当
教育制度	新入社員研修、語学研修など
選考内容	SPI（総合適性検査）、作文、面接（一次→最終）

Q1 この企業が製造・販売している商品は何ですか。

Q2 この企業が中国語ができる人を求めているのはどうしてだと思いますか。

Q3 面接は何回ありますか。

Q4 賞与と同じ意味の言葉を選んでください。
a. 時間外手当　　b. 奨学金　　c. 月収　　d. ボーナス

Q5 社会保険とは、保険に入っている人だけでなく、国や企業も費用を負担して、その人が病気になったり失業したりした際に必要なお金を備える制度です。日本の社会保険の種類を調べて書いてください。

（　　　　　）保険　　　（　　　　　）保険　　　（　　　　　）保険

（　　　　　）保険　　　（　　　　　）保険

問題3 🔊04

ボランさんとファムさんが、職種の図を見ながら、自分の性格や志望する職種について話しています。会話を聞いて質問に答えてください。

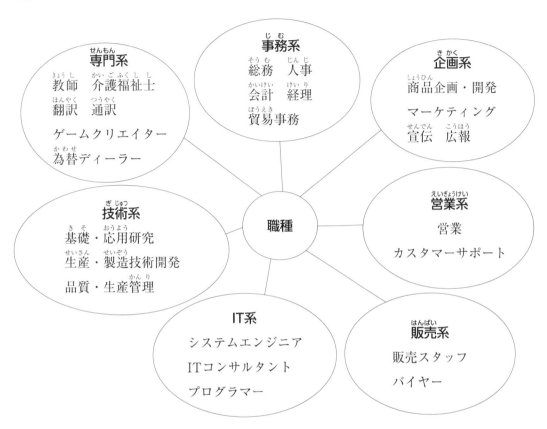

Q1 ボランさんとファムさんの性格や能力に合うと考えられる職種は何ですか。下から選んで記号と数字を書いてください。

性格・能力	a. 仕事が正確。数字に強い。
	b. IT関係が得意。プログラミングが専門。

職種	c. プログラマー
	d. 会計や経理

	性格・能力	職種
ボランさん		
ファムさん		

Q2 次の求人情報のうち、ボランさんとファムさんが関心を持つのはどれだと思いますか。記号を書いてください。

ボランさん　（　　　　　）　　ファムさん　（　　　　　）

a.

職種	プログラマー
事業所名	ABC システム
就業場所	千葉県八千代市
仕事内容	システム開発とプログラミング
雇用形態	正社員
賃金	23 万円〜
休日	土日祝

b.

職種	経理事務員
事業所名	ナミキ有限会社
就業場所	静岡県
仕事内容	経理事務アシスタント
雇用形態	パート労働者
賃金	1,200 円 / 時〜
休日	水日祝

c.

職種	システムエンジニア
事業所名	イタミ工業
就業場所	茨城県つくば市
仕事内容	管理システムの開発・サポート
雇用形態	正社員
賃金	23 万円〜
休日	土日祝

d.

職種	経理事務員
事業所名	アライ人材会社
就業場所	神奈川県
仕事内容	経理・一般事務
雇用形態	正社員
賃金	21 万円〜
休日	土日祝

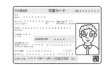

問題4

在留資格についての説明を読んで、調べてみましょう。

大学や専門学校（専門課程を置く専修学校）を卒業して企業などで働く外国人の多くが「**技術・人文知識・国際業務**」という在留資格を取得して働いています。

この在留資格を取得してできる仕事は、専修学校、大学などで専攻した自然科学の分野（理学、工学など）や人文科学の分野（法律学、経済学、社会学など）の知識・技術を必要とする仕事と、外国の文化にもとづいた考え方や感受性を必要とする仕事です。

【参考】出入国在留管理庁　https://www.moj.go.jp/isa/applications/status/gijinkoku.html

Q1 在留資格「技術・人文知識・国際業務」を取得してできる仕事にはどんなものがありますか。仕事の例を次のウェブサイトで探してみましょう。

出入国在留管理庁　在留資格「技術・人文知識・国際業務」

https://www.moj.go.jp/isa/applications/status/gijinkoku.html

Q2 「技術・人文知識・国際業務」のほかに、皆さんが学校を卒業して日本で就職する時に関係する在留資格には、どんなものがありますか。次のウェブサイトで調べてみましょう。

出入国在留管理庁　日本での就職をご希望の留学生の方へ（留学生が就職する際の在留資格に関する手続案内）「留学生の就労に係る主なフロー」

https://www.moj.go.jp/isa/10_00012.html

Step 3

問題1

志望企業（しぼうきぎょう）について調べてみましょう。

企業名（きぎょうめい）	

企業情報（じょうほう）

代表者（だいひょうしゃ）	
資本金（しほんきん）	
売上高（うりあげだか）	
従業員数（じゅうぎょういんすう）	
本社・事業所の所在地（じぎょうしょ しょざいち）	
企業理念（りねん）	
事業内容（ないよう）	
顧客・取引先（こきゃく とりひきさき）	
企業の強み	
今後の事業	
社会貢献活動（こうけんかつどう）	

採用情報（さいよう）

募集職種（ぼしゅうしょくしゅ）	
求める人物（応募資格）（もと じんぶつ おうぼしかく）	
採用予定人数（さいようよていにんずう）	
初任給（しょにんきゅう）	
賞与・昇給（しょうよ しょうきゅう）	
休日	
福利厚生（ふくりこうせい）	
教育制度（きょういくせいど）	
選考内容（せんこうないよう）	面接（めんせつ）（　　回（かい））

問題2

Q1 自分の志望する業界や企業、そこでどんな職種で働きたいかを考えて、例のように書いてみましょう。また、志望理由も簡単に書きましょう。

志望業界：（例　ソフトウェア・通信）

志望企業：（例　NTT）

職種、やりたいこと：（例　システムエンジニア）

志望理由：（例　時代の変化に合わせ新しい技術やシステムを開発している企業で、大学の専門である情報工学の知識や技術を生かしたいから。）

Q2 志望する業界・職種が在留資格を取得できそうか、確認しましょう。

3 OB・OG訪問をしよう！

李さん

Q 1

「OB・OG」って何ですか。

A 1

「OB・OG」はOld BoyとOld Girlの略で、自分と同じ学校を卒業した男の先輩と女の先輩のことです。就活中に志望企業で働いている先輩を訪ね、話を聞くことを、OB・OG訪問というんですよ。

鈴木さん

李さん

Q 2

OB・OG訪問は必ずしなければならないんですか。

A 2

いいえ、そんなことはありません。

でも、OB・OG訪問によって**その企業の実際の様子を聞くことができるし、自分の働き方を考えるきっかけ**になります。そのためにはしっかり準備して、OB・OG訪問をすることが大事なんです。

鈴木さん

李さん

Q 3

分かりました。ところで、OB・OG訪問は内定につながりますか。

A 3

必ず内定につながるわけではありません。

でも**OB・OG訪問の印象がいいと、選考のプラスになる**ことがあります。また、**エントリーシートや面接のアピールポイント**にもなりますね。

鈴木さん

問題1

OB・OGはどのように探したらいいと思いますか。友達と話し合ってみましょう。
アプリやウェブサイトの名前なども調べてみましょう。

大学、専門学校で
....

ウェブサイトで
....

SNS で
....

問題2

OB・OG訪問の目的について、適当なものには○、適当で
ないものには×を書いてください。

① （　　） 企業の様子をいろいろ知るため。
② （　　） 業界研究を深め、業界選択の最終確認をするため。
③ （　　） 公開されていない機密情報を聞き出すため。
④ （　　） 就活の全体像や流れを知るため。
⑤ （　　） 志望動機を明確にするため。
⑥ （　　） 先輩のキャリアや人生設計を知るため。
⑦ （　　） インターネットで調べれば分かることを聞くため。

Step 2

問題1

バオさんはOG訪問をする先輩にメールでアポイントを取ることにしましたが、下のメールには間違っているところがあります。①～⑤の→の後ろに正しく書き直してください。

差出人：bao1234@heisei-u.ac.jp
宛先：kikaku-yamada678@nasik.co.jp
件名：OG訪問のお願い　平成大学グエン　レ　バオ

---

①（株）ナーシク　→
企画部　山田花子様

②お世話になっております。　→
私は平成大学国際学部国際学科のグエン　レ　バオと申します。
大学のキャリアセンターの鈴木様に紹介を受けました。

③OG訪問がしたいです。　→

お忙しいとは存じますが、お話を伺う機会をいただけませんでしょうか。
もしお受けいただけるなら、④都合のいい日にちと時間、場所をお願いします。
→

どうぞ⑤よろしく。　→

平成大学国際学部国際学科
グエン　レ　バオ
携帯電話：090-1234-5678
メール：bao1234@heisei-u.ac.jp

問題2

a 〜 hはOB・OG訪問で先輩に聞く質問の文です。
どんな種類の質問か、◯に記号を書いてください。

企業について	先輩の仕事について	先輩の就活について

a. 一日のスケジュールと仕事の内容を教えていただけますか。

b. この業界を選ばれた理由をお聞かせいただけますか。

c. 御社の強みを教えていただけますか。

d. やってよかったと思われた仕事の内容を教えていただけますか。

e. 入社して分かった御社の良さを教えてください。

f. 就活で自分の強みをどうやって見つけられましたか。

g. 残業はどれぐらいしていらっしゃいますか。

h. 応募する職種はどのように決められましたか。

問題3

OB・OG訪問のマナーとして適当なものには◯、適当でないものには×を書いてください。

① (　　) カフェで会うことになったので、カジュアルな服装で行く。

② (　　) 先輩から名刺をもらったら、なくさないよう、すぐかばんに入れる。

③ (　　) 先輩がどんな人だったか忘れたら困るので、名刺をもらったらすぐ名刺にメモをする。

④ (　　) 名刺を渡されたら、両手で胸の高さで受け取り「ありがとうございます。頂戴します。」と言う。

⑤ (　　) 質問や見てもらいたい書類を訪問前にメールで送ってある場合でも、当日印刷して先輩の分を持っていく。

⑥ (　　) 先輩からの情報を整理してからメールをしたいので、訪問の1週間後にお礼をメールで送る。

Step 3

問題1

キャリアセンターの鈴木さんに紹介してもらった「株式会社あかさシステム　技術部」の青木太郎さんにOB訪問のアポイントのメールを出してください。（　　）【　　】の言葉はヒントです。実際のメールには書きません。

差出人：

宛先：gijutsu-aoki5678@akasa.co.jp

件名：

【宛名】

【挨拶】
【自己紹介】

【本題】

【終わりの挨拶】

【署名】

（大学名　学部名　学科名）

（氏名）

携帯電話：

メール：

友達と一緒にOB・OG訪問の練習をしましょう。はじめに、下の表で挨拶や質問などをまとめて、話す内容を確認しましょう。質問は Step2 の 問題2 （P.24）を参考に、あなたが聞きたい質問を考えて書いてください。先輩との話がうまく進むよう、流れを考えながら順番に書いてください。

初めの挨拶	私、（大学名・氏名）と申します。 この度はお忙しい中、お時間を取っていただきまして本当にありがとうございます。さっそくですが、いくつか質問させていただいてもよろしいでしょうか。
質問	・ ・ ・ ・ ・ ・ ・ ・
終わりの挨拶	本日は、貴重なお時間をいただきまして、本当にありがとうございました。いろいろお話をしていただきまして、大変勉強になりました。またご相談することもあるかもしれませんが、その際はどうぞよろしくお願いいたします。それでは失礼いたします。

問題3

OG訪問後にお礼のメールを出します。①～⑤に入れる文として合うものはどれですか。（　　）に記号を書いてください。また┈┈の下の署名欄に自分の情報を書いてください。

差出人：bao1234@ymail.com
宛先：kikaku-yamada678@nasik.co.jp
件名：OG訪問のお礼

①【宛名】（　　）

②【自己紹介】（　　）

③【お礼】（　　）

④【感想】（　　）

⑤【終わりの挨拶】（　　）

【署名】
（大学名　学部名　学科名）
（氏名）
携帯電話：

メールアドレス：

---

a. 本日はお忙しいところ、貴重なお時間をいただきまして、誠にありがとうございました。

b. またご相談することもあるかもしれませんが、その際はご指導いただけますと幸いです。

c. 株式会社ナーシク
　企画部　山田花子様

d. 山田様にお話を伺いまして、多くのことを学ばせていただきました。
　特に貴社の魅力や仕事の内容など具体的に教えていただき、理解が深まりました。

e. 先ほどOG訪問をさせていただいた平成大学のグエン　レ　バオでございます。

4 志望動機を考えよう！

李さん

Q1
履歴書やエントリーシートにある「志望動機」って何ですか。

A1
その企業に入りたい理由のことです。

鈴木さん

李さん

Q2
「志望動機」ってどんなことを書くんですか。

A2
① なぜその業界で働きたいか
② その企業の何に魅力を感じているか
③ なぜその企業に魅力を感じたか
④ 自分がその企業でどう貢献できるか

を例をあげて書きましょう。

鈴木さん

李さん

Q3
どうして「志望動機」を深く考える必要があるんですか。

A3
企業は入社の熱意があるかどうか確認するために、履歴書や
エントリーシート、面接で**何度も志望動機を聞きます**。
業界・企業研究をして情報を集めたり、会社説明会、イン
ターンシップなどで話を聞いたりして、志望動機を具体的に
書けるようにしっかり準備をしなければなりませんね。

鈴木さん

問題1

志望動機を話す時によく使われる表現です。◯には助詞を、
（　）には下の□□から選んだ表現を適当な形にして書いてく
ださい。表現は1回しか使えません。

① アルバイトで自分のアイディアが受け入れられて、その結果、売り上げが伸びたこと
　◯（　　　　　　　　　　　　　　　　　　　　　　）。それで、御社でアイディア力で
勝負する商品企画の仕事がしたいと思いました。

② ぜひ通訳の仕事がしたいと思っています。通訳◯（　　　　　　　　　　　　　　　　）
きっかけは、大学時代にアルバイトで通訳をした時、母国のお客様に喜んでもらえた
ことです。

③ 大学時代に学んだプログラミングの専門知識◯（　　　　　　　　　　　　　　　　）
ぜひ御社のゲームの開発がしたいです。

④ 子供の教育事業を行っている御社に入社して、御社にはもちろん、
社会◯◯（　　　　　　　　　　　　　　　　　　　　　）と考えています。

⑤ 自分の会社の商品で、地球環境をよくしたいという社長のお考え◯（　　　　　　　　
　　　　　　　　　　）。

⑥ 営業として、いつもお客様の立場に立った提案◯（　　　　　　　　　　　　　　　　）
と思っています。

生かす	喜びを感じる	関心を持つ	感銘を受ける
貢献する	こころがける		

問題2

次の志望動機の文はどの業界に興味を持った人が書いたものでしょう。下の □ から選んで、記号を（　）に書いてください。記号は1回しか使えません。

① 私は必要なところにお金を貸すことで、社会の経済を支え発展させる業界で仕事がしたいと考えています。説明会で貴社の社長の「社会を支える」という熱い思いに感銘を受けました。　　　　　　　　　　　　　　　　　　　　　　　　　　　　（　　）

② 貴社の店舗では多くの外国人が買い物をしています。語学力を生かして貢献できればと思っています。　　　　　　　　　　　　　　　　　　　　　　　　　　　（　　）

③ 私の母国ベトナムでは、ビル建設が進んでいる地域が多く、私は建設工事で使う機械（重機）に関心を持っています。貴社が開発したH230のような重機の開発に関わりたいと思い、貴社を志望しました。　　　　　　　　　　　　　　　　　　　　（　　）

④ 私が貴社を志望する理由は、貴社が行っている私の母国ネパールとの貿易に興味があるからです。便利な日用品をネパールに輸出したり、ネパールの調味料を日本に輸入したりする業務に関わりたいです。　　　　　　　　　　　　　　　　　　　　（　　）

⑤ 私の母国である中国向けに貴社が制作した広告を見て、心を動かされました。多様化する中国の生活者のニーズを調査し、生活者の心をつかむ広告で日本の商品をアピールできたらと考えています。　　　　　　　　　　　　　　　　　　　　　　（　　）

⑥ 専門はプログラミングで、学生時代にいくつかスマートフォンのアプリケーションを開発しました。その経験を生かし、貴社で通信機器に入れる通信アプリケーションを開発したいと思っています。　　　　　　　　　　　　　　　　　　　　　　　（　　）

⑦ 私は両親が経営しているレストランで手伝いをしていました。お客様に丁寧に接客することでお客様が笑顔になることに喜びを感じ、貴社のホテルでもお客様が楽しく過ごせるようなサービスを考えたいと思っています。　　　　　　　　　　　　　（　　）

---

a. メーカー（製造）　　b. 小売　　c. 商社　　d. 金融　　e. サービス・インフラ

f. ソフトウェア・通信　　g. 広告・出版・マスコミ

履歴書やエントリーシートの志望動機に書く内容として適当なものには○、適当でないものには×を書いてください。

① (　　　) 数年後に起業したいという夢

② (　　　) 学生時代の経験

③ (　　　) 入社後にやりたい仕事

④ (　　　) その業界や職種を志望した理由

⑤ (　　　) その企業に入りたい理由

⑥ (　　　) その企業での将来のキャリアプラン

⑦ (　　　) 将来帰国する時期

⑧ (　　　) 生かしたい専門知識や資格

⑨ (　　　) 説明会やインターンシップで感じたこと

問題1

面接で志望動機を話します。志望動機の一部として適当なものには○、適当でないものには×を書いてください。

① (　　) 大学で簿記の資格を取ったので、御社でその知識を生かして会計の仕事がしたいです。

② (　　) 私は将来母国で会社を作りたいと思っているので、そのためにまず御社で勉強させていただきたいです。

③ (　　) 私は先輩から御社の給料が高く、勤務地も今の家の近くだと聞きましたので、入社を希望しています。

④ (　　) 私は御社のインターンシップでグループワークを行いましたが、一人でできない仕事をチームで協力して進めることに喜びを感じました。

問題2

チッタラポンさんが自動車会社のエントリーシートに
志望動機を書いています。読んで、次のページの質問に答えてください。

　子供の頃から人々の生活を楽しく便利にする自動車に関わる仕事がしたいと思っており、自動車製造業界を志望しました。中でも貴社を志望した理由は、優れた貴社の車を母国でも販売したいと思ったからです。　　　　　　　　　　　　　　　　1

　貴社に関心を持ったきっかけは、ショールームで実際に貴社の車に乗ってみて、その素晴らしさに触れたことです。機能はもちろん、デザイン、色なども非常に魅力的だと感じました。　　　　　　　　　　　　　　　　　　　　　　　　　　　5

　今まで、母国タイでは貴社の車がなかなか手に入らないことを残念に思っていましたが、貴社が日本だけでなく、タイでも生産・販売を始めたと会社説明会で知り、ぜひ私も貴社の車を販売したいと思いました。タイと日本の両国の文化を知る私だからこそできることを生かして貴社に貢献したいと考え、応募いたしました。　　　10

Q1 チッタラポンさんが自動車製造業界を志望した理由は何ですか。

Q2 チッタラポンさんがこの企業に入りたい理由は何ですか。最も適当なものを選んでください。

    a. 日本で車の販売方法を学びたい。

    b. 国でこの企業の車のデザインを担当したい。

    c. 日本で車の試乗を担当したい。

    d. 国でこの企業の車を販売したい。

Q3 チッタラポンさんがこの企業に興味を持ったきっかけは何ですか。最も適当なものを選んでください。

    a. 国でこの企業の車を見て、よかったと思ったこと

    b. ショールームでこの企業の車に乗ってみて、よかったこと

    c. 日本に留学して、国との文化の違いで苦労したこと

    d. 国でこの企業の車を販売していたこと

Q4 チッタラポンさんは、この企業の車はどんなところが素晴らしいと思っていますか。3つ答えてください。

    ①

    ②

    ③

Q5 チッタラポンさんがこの企業に貢献できると思った理由は何ですか。

問題3 🔊 05

王(ワン)さんは、先生に志望動機の書き方について相談しています。

二人の話を聞いて質問に答えてください。

Q1 王さんがアルバイトでやらなかったことはどれですか。
最も適当なものを選んでください。

a. 大きい声で挨拶をする。

b. 夜一人で仕事をする。

c. 新人の指導をする。

d. お客様の目を見て話す。

Q2 スタッフリーダーになってから変わったことは何ですか。最も適当なものを選んでください。

a. 一つの仕事に集中して取り組むようになった。

b. お客様と目を見て話すようになった。

c. 責任が重い仕事を任されるようになった。

d. 季節の挨拶ができるようになった。

Q3 王さんが書いた志望動機として最も適当なものを選んでください。

a. 私は貴社のカウンター業務を志望しています。それは、コンビニのアルバイトを通じて、接客の楽しさを知ったからです。最初は接客が苦手で、うまく話すことができませんでしたが、大きい声で挨拶するなどの目標を立てて努力することで、次第にお客様とのやり取りが好きになり、自信が持てるようになりました。最終的に、アルバイトスタッフ10名のリーダーとして、新人の接客指導を任されるようになりました。この経験を生かして、お客様に満足してもらえる気持ちのいい接客がしたいです。

b. 私はコンビニでアルバイトをして、大きい声で挨拶する、お客様の目を見て話すなど努力をして、お客様とコミュニケーションができるようになりました。その結果、アルバイトのスタッフをまとめるスタッフリーダーになることができました。自分でコンビニかスーパーを経営するのが夢なので、貴社のカウンター業務をすることで接客のやり方を学んで、自分の将来のために経験を積みたいと思っています。

c. 貴社のカウンター業務を志望しています。それは、3年間コンビニでアルバイトをして接客業に関心を持ったからです。最初はお客様とうまく話せませんでしたが、お客様の目を見て話すなどの目標を立てて実行し、コミュニケーションができるようになりました。その経験を生かしたいと思い、貴社のカウンター業務に応募しました。アルバイトをしていた時と同じように仕事ができれば、貴社での仕事を続けていくことができると思います。

Q4 Q3で選ばなかった志望動機は、何がよくないのでしょう。Q3の文のよくないところに＿＿＿を引いてください。

問題1

履歴書やエントリーシートの志望動機では
① 「なぜその業界で働きたいか」
② 「その企業の何に魅力を感じているか」
③ 「なぜその魅力を感じたか」
④ 「自分がその企業でどう貢献できるか」
を具体例をあげて書きます。
下の志望動機の文を参考にして、あなたの志望動機を書いてみましょう。

【例1：企業理念に魅力を感じた】

① 私は日本にいらっしゃった外国の方が笑顔になることを願って、ホテルや旅行のサービス業界で働きたいと思うようになりました。

② サービス業界を調べていたところ貴社の「おもてなしの心で一人一人のお客様を笑顔にする」という企業理念を見て、感銘を受けました。

③ 旅行が趣味で、いろいろな旅館やホテルに泊まりますが、貴社のホテルでは私の苦手な物を使わず料理を作ってくれたり、私が希望したやわらかい枕を用意してくださったりと気持ちよく過ごせるようにしてくださいました。会社説明会で貴社の企業理念を伺った時、それであのような素晴らしいサービスだったのだと思いました。そのような企業理念を持つ貴社にぜひ入りたいと思いました。

④ 貴社のホテルでは欧米のお客様も多いので、得意な英語も生かして貴社に貢献できればと思っています。

【例2：事業内容に魅力を感じた】

① 子供の時から機械を組み立てることが好きで、大学では機械工学を学びましたので、機械のメーカーで働きたいと思っています。

② 機械メーカーを調べていくうちに貴社の「リサイクル設備の開発、製造」という事業内容に関心を持ちました。

③ 快適な暮らしをしながらも限りがある資源を無駄にしないためには、貴社の高い技術力で、現場のニーズに合った機械を開発することが重要だと感じています。私も大学でロボットを作った時に、使用目的に合わせて何度も改良を重ねましたので、ニーズに合わせることの重要性は理解しています。

④ 大学で学んだ機械工学の知識や技術力を生かして、社会に貢献できる機械の開発を貴社でさせていただければと思っています。

志望動機（しぼうどうき）

① なぜその業界（ぎょうかい）で働（はたら）きたいか。

_____

_____

_____

② その企業（きぎょう）の何に魅力（みりょく）を感（かん）じているか。

_____

_____

_____

③ なぜその魅力を感じたか。

_____

_____

_____

④ 自分がその企業でどう貢献（こうけん）できるか。

_____

_____

_____

5 エントリーシート・履歴書を書こう！

李さん

Q1
「エントリーシート」って何ですか。

A1
採用試験で企業が**選考のために使う書類**で、「ES」とも言われます。書式は企業によって違いますが、たいてい次のようなことが聞かれます。
① 自己PR
② 志望動機
③ 学生時代に力を入れたこと
④ 会社に入って実現したいこと
自分の良さを伝えると同時に、入社後どのように成長し、活躍できるか、将来の可能性を知ってもらうことが重要です。

鈴木さん

Q2
それでは「履歴書」って何ですか。

李さん

A2
連絡先、学歴などの個人情報などを記入するための書類で、一般的に書くことが決まっています。採用後は人事資料として会社に保管されます。

鈴木さん

Q3
「エントリーシート」と「履歴書」を書く時、**どんなことに気をつけたらいい**ですか。

李さん

A3
伝えたい内容を分かりやすく書くことはもちろん、**文字の間違いがないかどうかを確認する**ことも大切です。提出前にしっかり見直すようにしましょう。

鈴木さん

問題1

エントリーシートと履歴書は手書きの場合とパソコンで作成する場合があります。どんなことに注意すればいいでしょうか。次の①〜⑩の正しいものには○、間違っているものには×を書いてください。

クイズ『エントリーシート・履歴書を書く時に注意すること』

① (　　　) 丁寧体（〜です／〜ます）と普通体（〜だ／〜である）のどちらを使ってもいいが、どちらかにする。

② (　　　) 趣味・特技などで書くことが見つからない時は、何も書かなくてもいい。

③ (　　　) インターネットにある例文をそのまま使ってはいけない。

④ (　　　) 何社も受ける場合、どの企業にも同じ内容のエントリーシートと履歴書を出す。

⑤ (　　　) エントリーシート・履歴書を送る時、封筒の色は白がいい。

⑥ (　　　) 自由な雰囲気の会社を受験する場合、履歴書用の写真はカジュアルな服装で撮ったほうがいい。

⑦ (　　　) もし写真がはがれても誰のものか分かるように、写真の裏に名前・大学名・学部名を書く。

<手書きの場合>

⑧ (　　　) エントリーシート・履歴書を書く時、青のボールペンで書く。

⑨ (　　　) 消せるボールペンは間違えた時に便利だから使ってもいい。

⑩ (　　　) 小さい間違いであれば、修正液や修正テープを使用する。

問題2

（　　）に合う言葉を下の￣￣￣から選んで、記号を書いてください。使わない言葉もあります。

① （　　）は、連絡先、学歴、資格などを書く書類で、一般的に書くことが決まっている。

② （　　）は、会社に自分をアピールするための書類で、会社によって書式が違う。

③ 会社に応募書類を郵送する時は（　　）も一緒に送る。

④ 働いた経験（アルバイトは含まない）がある人は、仕事内容や働いた期間などを書いた
（　　）の提出が必要な場合もある。

⑤ 応募書類では、「あなたの会社」は「御社」ではなく、「（　　）」と書く。

⑥ 応募書類を書く時、（　　）や（　　）などは使わないようにする。

a. 貴社	b. 弊社	c. 職務経歴書	d. 略語	e. 送付状
g. 履歴書	h. エントリーシート	i. 書き言葉	k. 話し言葉	

問題3

①～⑤の＿＿の言葉と表現は応募書類を書く時には使わないほうがいいものです。正しく直してください。

① 私は居酒屋で**バイト**をしています。

　→

② 昨年、**学祭**で行われたスピーチ大会で優勝しました。

　→

③ 日本製の車は、今では多くの国で**見れる**ようになりました。

　→

④ リーダーはチームを引っ張って**いかなきゃなりません**。

　→

⑤ 私は通訳として働きたいと考えています。**なので**、英語の勉強に**力を入れてます**。

　→

問題1 🔊06

留学生のグエンさんと先生が履歴書を見ながら話しています。二人の話を聞いて、質問に答えてください。

履歴書		20××年　×月　×日現在	

ふりがな	ぐえん　れ　ばお	男・女
氏名	Nguyen Le Bao	

生年月日　××××年　×月　××日生（満××歳）

ふりがな　ちばけん　うらやすし　まいはま

現住所：（〒 279 − 0000）
　　　　　千葉県浦安市舞浜5丁目1番地
電話番号：090-1234-5678
Eメールアドレス：bao1234@heisei-u.ac.jp

緊急連絡先（〒　　−　　）
　　　　　同上
電話番号：

年	月	学　歴　・　職　歴
		学歴
20XX	3	ベトナム社会主義共和国クイニョン中央大学附属中学校卒業
20XX	4	ベトナム社会主義共和国クイニョン中央大学附属高等学校入学
20XX	3	ベトナム社会主義共和国クイニョン中央大学附属高等学校卒業
20XX	4	平成大学国際学部国際学科入学
20XX	3	平成大学国際学部国際学科卒業見込
		職歴　及び　インターンシップ歴
20XX	9	株式会社ナーシク本店企画部でインターンシップ
20XX	3	株式会社ナーシク本店企画部でのインターンシップ終了
		以上

年	月	学　歴　・　職　歴

年	月	免　許　・　資　格
20XX	X	日本語能力試験　N1 合格
20XX	X	TOEIC 公開テスト　800 点取得

志望動機

貴社のカレーライスを初めて食べた時、ベトナムにはないおいしさに感動しました。貴社がベトナムで事業を始めることを知り、貴社の味をベトナムの様々な地域に紹介したいと思いました。可能であれば、海外事業部でベトナムでの出店に関わる仕事がしたいと考えています。

趣味・特技

本人希望記入欄

Q1 先生は履歴書を見て、どんなところがいいと言いましたか。

    a. 会社に入ってからしたいことが具体的に書いてあるところ

    b. 正社員として働いた経験があるところ

    c. アルバイトの経験が詳しく書いてあるところ

    d. 気持ちがしっかり伝わってくるところ

Q2 先生が書かなければいけないと言ったのは、次のどれについてですか。

    a. 学歴

    b. 職歴

    c. 免許・資格

    d. 志望動機

    e. 趣味・特技

    f. 本人希望記入欄

Q3 グエンさんはQ2で答えた項目をどのように書きますか。

留学生のチッタラポンさんが書いたエントリーシートを読んで、次のページの質問に答えてください。

『タルフ自動車株式会社』エントリーシート

	フリガナ	チャープラン　チッタラポン				
	氏名	Cherprang Chittraphorn				
	現住所	〒 169 − 0033　東京都新宿区高田1丁目1番地　山手マンション201号室				

生年月日	20××年　　×月　　×日生		性別	女	

学歴	学校	学部・研究科	学科・専攻	入学【西暦】	卒業・修了(見込)【西暦】
大学	令和大学	政経学部	経済学科	20××年4月	20××年3月
大学院				年　　月	年　　月
その他				年　　月	年　　月

ゼミ・研究室	「環境に優しい経済」をテーマにしたゼミで、「企業と環境の問題」について研究しています。
クラブ・サークル	自動車部（20××年、関東学生自動車大会で優勝）

資格	日本語能力試験 N1 合格（20××年×月）　普通自動車第一種運転免許取得（20××年×月）	特技	自動車タイムトライアル競技

卒業論文テーマ	日本の自動車メーカーでの SDGs について

自己PR

　私の強みは、相手のことを考えて行動できるところです。私はコンビニエンスストアでアルバイトをしていますが、ご年配のお客様には話す速さを変え、カタカナ語は分かりやすい表現を使うなどの工夫をしています。また、何かを探していらっしゃる方には自分から声をかけるようにしています。このように、一人一人のお客様に合わせて行動できるのが、私の強みだと考えています。

志望理由

　ショールームで貴社の車が機能、デザインともに優れていることを知ったのをきっかけに、貴社で働きたいと強く思うようになりました。貴社が昨年からタイをはじめとする東南アジアの国々で販売を開始し、通訳ができる社員を募集しているのをホームページで拝見しました。日本とタイの文化を知る私なら貴社のお役に立てると思い、応募いたしました。

学生生活の中で最も力を入れたこと

　私はボランティア活動に力を入れています。この1年は昨年の台風で被害を受けた九州でボランティアに参加しています。最初は何をしたらいいか分からず、ゴミの片づけしかできませんでしたが、次第に、住民の皆さんの希望に沿ったサポートができるようになりました。ボランティア活動を通して、私は相手が望む手伝いをすることの重要性を学びました。

Q1 チッタラポンさんは何について研究していますか。
　　a. 環境に優しい経済
　　b. 企業と環境の問題
　　c. 自動車タイムトライアル競技
　　d. 日本の自動車メーカー

Q2 チッタラポンさんが最もアピールしている強みは何ですか。
　　a. 相手に合わせて行動できること
　　b. コンビニエンスストアでアルバイトをしていること
　　c. アルバイトをする時はいつも話す速さを変えていること
　　d. お客様に積極的に声をかけてもらえること

Q3 チッタラポンさんが学生時代に最も力を入れた活動は何ですか。

留学生のタパさんが先輩と履歴書の送り方について話しています。二人の話を聞いて、
質問に答えてください。

Q1 先輩のアドバイスを聞いて、封筒の宛名を書き直してください。

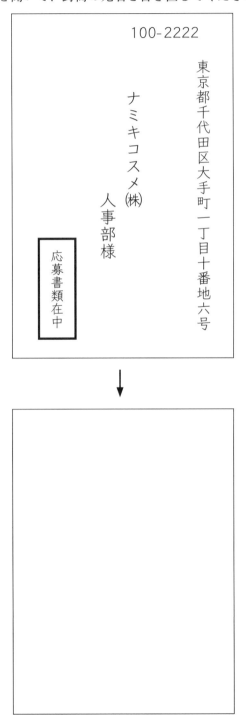

100-2222

東京都千代田区大手町一丁目十番地六号

ナミキコスメ㈱

人事部様

応募書類在中

↓

Q2 先輩のアドバイスを聞いて、正しいものを選んでください。

a.

154-0006
世田谷区桜町一丁目十番地二号 ノア桜三号室
令和大学工学部応用化学科　サガル　タパ
令和X年X月X日

b.

154-0006
世田谷区桜町一丁目十番地二号 ノア桜三号室
令和大学工学部　サガル　タパ
令和X年X月X日

c.

154-0006
東京都世田谷区桜町一丁目十番地二号 ノア桜三号室
令和大学工学部　サガル　タパ
令和X年X月X日

d.

154-0006
東京都世田谷区桜町一丁目十番地二号 ノア桜三号室
令和大学工学部応用化学科　サガル　タパ
令和X年X月X日

Q3 タパさんは今から何を作成しますか。正しいものを選んでください。

a. エントリーシート　　　　b. 履歴書
c. 送付状　　　　　　　　　d. 自己紹介書

Step 3

問題1 Web↓

履歴書（りれきしょ）を書いてみましょう。

履　歴　書		年　　　月　　　日現在（げんざい）	
ふりがな			男・女
氏　名（しめい）			
生年月日	年　　　月　　　日生（満（まん）　　歳（さい））		
ふりがな			
現住所（げんじゅうしょ）（〒　　　－　　　　）			
電話番号（ばんごう）：			
Ｅメールアドレス：			
緊急連絡先（きんきゅうれんらくさき）（〒　　　－　　　　）			
電話番号：			

写真を貼る位置

写真を貼る必要がある場合
1.縦　36～40mm
　横　24～30mm
2.本人単身胸から上
3.裏面にのりづけ
4.裏面に氏名記入

年	月	学　歴（がくれき）・職　歴（しょくれき）

年	月	学　歴　・　職　歴

年	月	免　許　・　資　格

志望動機

趣味・特技

本人希望記入欄

問題2

『　　』に入りたい会社名を書き、エントリーシートを作成しましょう。

		『　　　　　　　　　　　　　　　　　　　　　　　　』エントリーシート			
写　真	フリガナ				
	氏名				
	現住所				
生年月日			性別		
学歴	学校	学部・研究科	学科・専攻	入学【西暦】	卒業・修了(見込)【西暦】
大学				年　　月	年　　月
大学院				年　　月	年　　月
その他				年　　月	年　　月
ゼミ・研究室					
クラブ・サークル					
資格			特技		
卒業論文テーマ					

自己PR
<small>じこ</small>

志望理由
<small>しぼうりゆう</small>

学生生活の中で最も力を入れたこと
<small>せいかつ</small> <small>もっと</small>

チッタラポンさんがエントリーシートと履歴書を送るために送付状を作成しました。
チッタラポンさんと同じように送付状を書いてみましょう。

令和×年×月×日

タルフ自動車株式会社
人事部
新卒採用ご担当者様

令和大学　政経学部　経済学科

チャープラン　チッタラポン

住所：〒 169-0033

東京都新宿区高田 1 丁目 1 番地

山手マンション 201 号室

携帯電話：080-0001-0002

E メール：ccp0505@reiwa-u.ac.jp

応募書類の送付について

拝啓

　時下ますますご清栄のこととお慶び申し上げます。

　令和大学政経学部経済学科 4 年のチャープラン チッタラポンと申します。

　このたび、貴社の新卒採用において、選考の機会をいただきたく、下記の通り
応募書類をお送りいたします。何卒よろしくお願い申し上げます。

敬具

記

・エントリーシート　　1 通

・履歴書　　　　　　　1 通

以上

Q1 ＿＿＿にあなたが書類を送ろうと思っている会社を書いてください。

Q2 ┈┈にあなたの情報を書いてください。

Q3 ＿＿＿にあなたの大学・学部・学科名、学年、名前を書いてください。

Q4 ①～⑦の＿＿＿の部分を考えてください。

令和×年×月×日

〰〰〰〰〰〰〰〰〰〰〰〰〰

人事部
新卒採用ご担当者①＿＿＿＿

②＿＿＿＿＿＿＿＿＿＿＿＿の送付について

③＿＿＿＿＿＿＿＿＿＿＿
　時下ますますご清栄のこととお慶び申し上げます。

＿＿＿＿＿＿＿＿＿＿＿＿＿＿＿＿＿＿＿＿＿＿＿＿＿＿＿＿＿と申します。
　このたび、貴社の新卒採用において、選考の機会をいただきたく、下記の通り
応募書類をお送りいたします。何卒よろしくお願い申し上げます。

敬具

④＿＿＿＿

・⑤＿＿＿＿＿＿＿＿＿＿＿＿＿＿＿＿＿

・⑥＿＿＿＿＿＿＿＿＿＿＿＿＿＿＿＿＿

⑦＿＿＿＿＿＿＿

54

6 インターンシップに参加しよう！

李さん

Q1
「インターンシップ」って何ですか。

A1
学生時代に、企業で仕事の体験をすることです。

鈴木さん

李さん

Q2
どんなメリットがあるんですか。

A2
①その企業や業界のことをよく知ることができます。

また、

②自分に合った仕事が分かるようになります。

それから、

③自分の日本語が企業でどこまで通用するか、確認することもできますよ。

鈴木さん

李さん

Q3
具体的には、どんなことをするんですか。

A3
その企業の社員の説明を受けながら、実際の仕事を体験します。また、講義形式で、社員から業界や仕事内容についての話を聞いたり、職場や工場を見学したり、グループで課題を解決するワークを行ったりすることもありますよ。

鈴木さん

Step 1

問題 1

インターンシップについての説明を読んで、適当なものには○、適当でないものには×を書いてください。

① （　　） インターンシップはその会社や仕事をよく理解するために行うので、1か月以上のものしかない。

② （　　） インターンシップの参加にもエントリーシートや面接が必要なことが多いので、しっかり準備をしたほうがいい。

③ （　　） インターンシップでは実際に仕事をするので、必ず給料がもらえる。

④ （　　） インターンシップでの評価が高くても、その会社から必ず内定がもらえるとは限らない。

問題 2

インターンシップはどのように探したらいいと思いますか。友達と話し合ってみましょう。就職情報サイトの名前なども調べましょう。

大学、専門学校で

ウェブサイトで

その他

Step 2

問題1 🔊08

大学の就活ガイダンスで、インターンシップについての説明をしています。インターンシップで行われる内容の例として、適当なものを下の▢から選んで、記号を（　　）に書いてください。答えは一つとは限りません。

① 仕事体験　　　　　　（　　　　）

② 講義　　　　　　　　（　　　　）

③ 職場見学　　　　　　（　　　　）

④ プロジェクトワーク　（　　　　）

---

a. 企業の事業内容についての説明を聞く。

b. 社員の説明を受けながら、データ入力をする。

c. 新商品の宣伝方法について、グループごとに考えて発表する。

d. 工場へ行って、商品の生産過程を見る。

e. 旅行会社のカウンターで、社員と一緒に接客をする。

f. 社内を案内してもらう。

体験記の一部を読んで、その学生がどのインターンシップに参加したか、考えましょう。
最も適当なものを下のリストから選んで、記号を（　）に書いてください。

① 取引先を訪問する時のマナーや商品説明のしかたなど、営業の仕事をするうえで非常

　に大切なことを学んだ。 （　）

② 専門的なITの知識がないので心配だったが、社員の方に教えていただきながら課題に

　取り組んだことで、ITに対する理解が深まった。 （　）

③ インターンシップの最後に若手社員や外国人社員など、いろいろな方々の話を聞いて、

　ますます金融の仕事をしてみたくなった。 （　）

④ 実際に店舗の売り場に立つことで、お客様が商品を手に取って購入してくださる様子

　を見ることができ、接客に対する興味が強まった。 （　）

実習先	実習内容
a. ヤオスーパー	【1～2日目】　小売業についての講義 【3～6日目】　店舗見学、店舗での実習、販売チャレンジ 【7日目】　販売チャレンジの結果発表会
b. ノダ証券	【1日目】　経済新聞の読み方 【2日目】　東京証券取引所見学、株式投資体験 【3～5日目】　支店での実習 【6日目】　グループワーク、発表、社員との交流会
c. トヨサン自動車販売	【1～2日目】　会社説明、ビジネスマナー・電話応対研修 【3～7日目】　ショールームでの実習、営業同行 【8日目】　インターンシップ成果発表会
d. 渋谷ソフト	【1日目】　IT業界についての講義 【2～4日目】　システム構築 【5日目】　グループワーク、ウェブページ作成

問題1

就職情報サイトを見て、インターンシップをする企業を探しましょう。あなたの希望を
書いてください。

① 業界・職種：
② 場所：
③ 期間：

問題2　🔊09

インターンシップでよく使われる表現を確認しましょう。

Q1　（　　　）の言葉を適当な言い方に直してください。それから音声を聞いて、言ってみ
　　ましょう。

Q2　自分の名前に変えて、友達と練習してください。

① 受付で

おはようございます。（今日→　　　　　　　　）からインターンシップでお世話になります、
令和大学の李小鈴と（言います→　　　　　　　　　）。
インターンシップ（担当→　　　　　　　　　）の（佐藤さん→　　　　　　　　　）と10時に
（約束→　　　　　　　　　）をして（います→　　　　　　　　　）。
（取り次ぎ→　　　　　　　　　）をお願いできますでしょうか。

② 職場の自己紹介で

（今日→　　　　　　　　）から5日間、インターンシップでお世話になります、令和大学の
李小鈴と（言います→　　　　　　　　　）。出身は中国の上海です。
社員の（皆さん→　　　　　　　）には、いろいろと（聞く→　　　　　　　　　）こと
も多いかと（思います→　　　　　　　　　）が、どうぞよろしく
（お願いします→　　　　　　　　　　　　　）。

③ 名刺をもらった時

ありがとうございます。（もらいます→　　　　　　　　　　　　　）。

④ 分からないことがあった時

李　　（仕事→　　　　　　　）中、すみません。今、（いい→　　　　　　　）でしょうか。

社員　はい、何ですか。

李　　ちょっと（教えてもらいたい→　　　　　　　　　　　　　　　　）

　　　ことがあるのですが……。

⑤ 外出する時

（行ってきます→　　　　　　　　　　　　　　　　　）。

⑥ 外出から戻った時

（今→　　　　　　　　　　　）戻りました。

⑦ 電話応対

李　　はい、中目黒商事営業部（です→　　　　　　　　　　　　　）。

高橋　田中製薬の高橋と申しますが……。

李　　いつもお世話になって（います→　　　　　　　　）。

高橋　いえ、こちらこそ。山本部長、いらっしゃいますか。

李　　はい、（ちょっと待ってください→　　　　　　　　　　　　　　　　）。

⑧ 電話応対

高橋　山本部長、いらっしゃいますか。

李　　（すみません→　　　　　　　　　　　　　　　　　　）。

　　　（山本部長→　　　　　　）は（今→　　　　　　　　）席を外して

　　　（います→　　　　　　　　）。戻りましたら、こちらから

　　　（電話させてもらいます→　　　　　　　　　　　　　　　）が、

　　　（いい→　　　　　　　　）でしょうか。

高橋　そうですか。では、お願いします。

李　　念のため、（そちら→　　　　　　　　）の（電話番号→　　　　　　　）

　　　をお願いできますでしょうか。

⑨ 電話応対

高橋　では、山本部長に伝言をお願いできますか。

李　　（分かりました→　　　　　　　　　　　　　　　　　　）。どうぞ。

下の表には社会人に必要な力（社会人基礎力）が書かれています。自分にどんな力があるかチェックしてください。インターンシップに参加する時は、自分に足りない力を意識するといいでしょう。インターンシップが終わったら、もう一度チェックしてください。どんな力がつきましたか。

社会人基礎力			前	後
前に踏み出す力	主体性	物事に自分から取り組む。		
	働きかけ力	他人に働きかけて、巻き込む。		
	実行力	目的を設定して、確実に行動する。		
考え抜く力	課題発見力	現状を分析して、目的や課題を明らかにする。		
	計画力	課題を解決するためのプロセスを考えて、準備する。		
	創造力	新しい価値を作り出す。		
チームで働く力	発信力	自分の意見を分かりやすく伝える。		
	傾聴力	相手の意見を丁寧に聞く。		
	柔軟性	意見の違いや相手の立場を理解する。		
	状況把握力	自分と周囲の人々や物事との関係性を理解する。		
	規律性	社会のルールや人との約束を守る。		
	ストレスコントロール力	ストレスの元に対応する。		

【参考】経済産業省　インターンシップ・社会人基礎力自己点検シート

7 会社説明会に参加しよう！

李さん

Q1
「会社説明会」って何ですか。

A1

「会社説明会」は、**企業が応募者に事業内容、会社の理念な
どを説明する場**です。会社説明会には

① それぞれの企業が行う説明会

② たくさんの企業が集まって行う合同説明会

③ 大学のキャリアセンターなどが開く学内説明会

があります。業界・企業研究のための情報を集めたり、採
用試験に合格するためのアドバイスをもらったりするチャン
スです。積極的に参加してください。

鈴木さん

李さん

Q2
会社説明会では**どんなことをする**んですか。

A2

企業の説明を聞くだけでなく、**採用担当者に質問**もできま
す。社員と就活生がグループになって自由に話し合うことも
あります。

鈴木さん

Q3
会社説明会に参加するには**どうしたらいい**ですか。

A3

**会社のホームページ、就活のための情報サイト、大学のキャ
リアセンター**などに情報があるので、よく見て、**申し込んで**
ください。申し込んでから都合が悪くなった場合は必ず会
社や主催者に連絡しましょう。

鈴木さん

問題1

チッタラポンさん、キムさん、陳さんは会社説明会に申し込もうと思っています。a～c のどの説明会に行ったらいいと思いますか。適当なものを選んでください。また、そう考えた理由を友達と話し合ってみましょう。

a. 学内説明会	b. 合同説明会	c. それぞれの企業が行う説明会

① チッタラポンさん　（　　）

・私は自動車の会社に興味があります。入りたい企業も決まっています。
・ただ、本当に自分のやりたいことができる会社かどうか分からないので、採用担当者や社員の方に直接話を聞きたいと思っています。

② キムさん　（　　）

・今、業界・企業研究をしていますが、なかなか入りたい会社が見つかりません。
・今まで知らなかった新しい業界・企業について知り、直接話を聞くチャンスがほしいです。
・できれば、たくさんの会社の話を聞きたいです。

③ 陳さん　（　　）

・就活を始めたばかりなので、まずは自分の学校のOB・OGから会社の話を聞きたいです。
・予約が取りやすい説明会を探しています。
・同じ学校に就活の情報を交換ができる仲間がほしいと思っています。

①～⑤は会社説明会でされる一般的な説明の内容です。a～eの説明は、①～⑤のどれに当てはまりますか。適当なものを選んでください。

① 社内の雰囲気や社風　　（　　）
② 採用スケジュール　　　（　　）
③ 具体的な仕事の内容　　（　　）
④ 企業が求める人物像　　（　　）
⑤ 福利厚生　　　　　　　（　　）

---

a. 朝ごはんを食べずに会社に来ても、社員食堂に行けば、50円でカフェのメニューにあるようなおしゃれな朝ごはんが食べられます。

b. 与えられた仕事だけをするのではなく、自ら今何をしたらいいかを考え、実行できる人が必要です。

c. 週に一度ランチミーティングという名前の食事会が行われます。おいしいランチを食べながら上司や同僚と趣味の話などで盛り上がります。この食事会のおかげで、お互いのことが理解できて、いいチームワークが作れています。

d. 採用試験は6月～9月に行います。一次試験が書類選考、二次試験が筆記とグループディスカッション、三次試験がグループ面接、最終選考が個人面接です。

e. 海外営業部は、海外のお客様に直接連絡するので、英語でのコミュニケーション力が必要です。製品の生産計画についてお客様と打ち合わせをしたり、海外から来るお客様の案内をしたりします。

Step 2

問題1

インターネットで合同企業説明会の案内を見つけました。この案内を読んで、正しいものには○、間違っているものには×を書いてください。

留学生のための合同企業説明会

外国人の採用を考えている会社の採用担当者と話すチャンスです。多くの会社の説明を聞いて、仕事の内容について話を聞いたり、質問したりしましょう。

・入場無料
・服装自由
・入退場自由

＜日時＞
20××年○月○日（金）　13：00 ～ 17：00

＜参加できる人＞
大学院・大学、短大、専門学校などで勉強している外国人留学生

＜場所＞
代々木イベントホール

 お申し込みはこちらから

＜参加予定企業＞
60社

---

① (　　) この説明会に参加するためには、申し込みが必要だ。

② (　　) 「服装自由」と書いてあるので、Tシャツと短パンで行ってもいい。

③ (　　) 今年専門学校に入学したばかりの1年生は参加できない。

④ (　　) 会社の説明は、何社でも聞くことができる。

⑤ (　　) 13時から17時まで会場にいなければならない。

⑥ (　　) この説明会に参加するのは外国人の採用を考えている会社だ。

⑦ (　　) お金を払わずに参加することができる。

⑧ (　　) 大学を卒業したが、まだ就職していない人は申し込める。

留学生の劉浩宇さんは会社説明会の会場に向かっていましたが、事故で電車が遅れていることが分かり、途中の駅から会社に電話をすることにしました。

①〜⑥の＿＿の部分を聞き取って、書きましょう。会話が完成したら、＿＿の部分を自分の情報にして、会社に電話をかける練習をしてみましょう。

担当者　六井リゾート人事部人事課でございます。

劉　　①＿＿＿＿＿＿＿＿＿＿＿＿＿＿＿＿＿。
　　　私、本日10時からの会社説明会に申し込んでおります、平成大学政経学部経済学科の劉浩宇と申します。

担当者　平成大学の劉さんですね。採用担当の平野と申します。

劉　　お仕事中、申し訳ありません。②＿＿＿＿＿＿＿＿＿＿＿＿＿＿＿＿。

担当者　はい、大丈夫ですよ。どうしましたか。

劉　　今新宿駅にいるんですが、事故で電車が遅れていて、そちらに到着するのが10時20分ごろになってしまいそうなんです。
　　　③＿＿＿＿＿＿＿＿＿＿＿＿＿＿＿＿、その時間からでも説明会に参加させていただくことは可能でしょうか。

担当者　分かりました。それでは到着なさったら、受付の電話から人事部にご連絡ください。

劉　　④＿＿＿＿＿＿＿＿＿＿＿＿＿。ありがとうございます。

担当者　それでは、お気をつけていらっしゃってください。

劉　　⑤＿＿＿＿＿＿＿＿＿＿＿＿。⑥＿＿＿＿＿＿＿＿＿＿＿＿。

問題1 🔊)) 11

ある会社の説明会で担当者が採用について説明し、その後、王さんが担当者に質問しています。話を聞いて、質問に答えてください。

A)

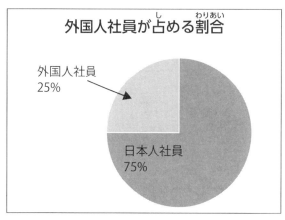

外国人社員が占める割合

外国人社員
25%

日本人社員
75%

B)

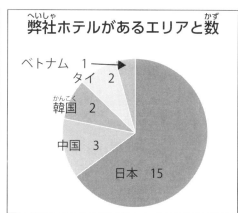

弊社ホテルがあるエリアと数

ベトナム　1
タイ　2
韓国　2
中国　3
日本　15

Q1　3年後には外国人社員の割合を全社員の何%にする予定ですか。

Q2　今、どの国に新しいホテルを建設していますか。

Q3　建設中の新しいホテルが完成すると、この会社のホテルは全部で何軒になりますか。

Q4　これからどこにホテルを増やしたいと考えていますか。

問題2

あなたは自分が就職したいと思っている会社の説明会に参加しています。

説明会で担当者にあなたが聞きたいことを書いてみましょう。

例1) 今後の事業計画

例2) 今年度の外国人の採用計画

担当者　説明は以上です。何か質問はありますか。

あなた　はい。

担当者　はい、どうぞ。

あなた　① (大学・学部・学科など) ＿＿＿＿＿＿＿＿＿＿＿＿＿＿＿＿＿＿＿

＿＿＿＿＿＿＿＿＿＿＿＿＿＿＿＿＿＿＿＿＿＿＿＿＿＿＿＿＿＿＿＿の

② (名前) ＿＿＿＿＿＿＿＿＿＿＿＿＿＿＿＿＿＿＿＿＿＿＿＿＿

③ (質問) ＿＿＿＿＿＿＿＿＿＿＿＿＿＿＿＿＿＿＿＿＿＿＿＿＿

＿＿＿＿＿＿＿＿＿＿＿＿＿＿＿＿＿＿＿＿＿＿＿＿＿＿＿＿＿＿＿

＿＿＿＿＿＿＿＿＿＿＿＿＿＿＿＿＿＿＿＿＿＿＿＿＿＿＿＿＿＿＿

＿＿＿＿＿＿＿＿＿＿＿＿＿＿＿＿＿＿＿＿＿＿＿＿＿＿＿＿＿＿＿

担当者　そうですね……… （担当者の回答）

あなた　よく分かりました。ありがとうございました。

問題3

六井リゾート株式会社の会社説明会に出席したあなたは、説明会の後、人事部の平野の
ぞみさんにお礼のメールを出すことにしました。③〜⑥に入れる文として合うものは下の
a 〜 dのどれですか。（　　）に記号を書いてください。また、①②は自分で考え、⑦には
自分の情報を書いてください。

差出人：○○○@○○○.ac.jp
宛先：saiyou@mutsui-resort.co.jp
件名：説明会のお礼

---

①【宛名】_____

　　　　　_____

②【自己紹介】_____

③【説明会のお礼】（　　　）

④【説明会の感想】（　　　）

⑤【試験に向けての気持ち】（　　　）

⑥【終わりの挨拶】（　　　）

----

⑦【署名】
（大学名　学部名　学科名）
（氏名）
携帯電話：

メールアドレス：

---

a. 説明会では事業内容や採用計画を詳しくご説明いただき、貴社の仕事をより深く知る
　ことができました。特に世界中からいらっしゃるお客様をおもてなしする方法は非常
　に印象的でした。

b. 引き続き、どうぞよろしくお願い申し上げます。

c. 本日は会社説明会に参加させていただき、ありがとうございました。質問にも丁寧に
　答えていただき、感謝しております。

d. お話を伺い、貴社に入社したい気持ちがますます強くなりました。貴社が求める人材
　になれるよう、今後も努力していきたいと思っております。

8 面接を受けよう！

李さん

Q1
面接では、どんなことを質問されるんですか。

A1
①「自己PR」と②「志望動機」は必ず聞かれます。「学生時代に力を入れたこと」や「将来の展望」、留学生は「日本でどのぐらい働きたいか」などについても話せるようにしておきましょう。自己分析と企業研究をしっかりしておけば、安心ですよ。

鈴木さん

李さん

Q2
面接は、どんな形式で行われるんですか。

A2
① ほかの学生と一緒に受ける「グループ面接」や、

② 1人で受ける「個人面接」、

③ 決められたテーマについてグループで議論し、結果を発表する「グループディスカッション」などがあります。

鈴木さん

李さん

Q3
どんなことに注意すればいいでしょうか。

A3
① まず、丁寧で正しい日本語を話すことです。

それから、
② 第一印象も大切ですね。表情、話し方、姿勢、お辞儀のしかた、服装や身だしなみなどにも気をつけて、面接官に「一緒に働きたい」と思ってもらえるといいですね。

鈴木さん

問題1

明日は面接です。あなたはどんな準備をしておきますか。また、服装や身だしなみについ
ては、どんなことに気をつけますか。友達と一緒に考えましょう。

① 準備

・

・

・

・

② 服装・身だしなみ

・髪型：

・顔：

・爪：

・スーツ：

・シャツ：

・靴下・ストッキング：

・靴：

・かばん：

面接で話す挨拶や表現として最も適当なものをa〜cの中から選んでください。

李　　　　【面接室のドアを3回ノックする】

面接官　　どうぞお入りください。

李　　　　① (a. お邪魔いたします。／ b. 失礼いたします。／ c. よろしくお願いいたします。)

　　　　　【部屋に入り、ドアを静かに閉める。入口でもう一度①の挨拶をし、お辞儀をする】

面接官　　こちらへどうぞ。

李　　　　はい。

　　　　　【席のところまで行き、いすの横または前に立つ】

　　　　　令和大学政経学部経済学科4年の李小鈴と申します。

　　　　　② (a. こんにちは。／ b. 本日はよろしくお願いいたします。／ c. お目にかかれ

　　　　　　てうれしいです。)

　　　　　【丁寧にお辞儀をする】

面接官　　どうぞおかけください。

李　　　　③ (a. ありがとうございます。／ b. 申し訳ございません。／ c. 失礼いたしました。)

　　　　　【お辞儀をしてからかばんを足元 (いすの横) に置き、いすに座る】

面接官　　それでは、さっそくですが、自己紹介をお願いします。

李　　　　はい。私は……

―――中略―――

面接官　　では、これで本日の面接は終了です。お疲れ様でした。

李　　　　④ (a. お疲れ様でした。／ b. かしこまりました。／ c. ありがとうございました。)

　　　　　【いすの横または前に立つ】

　　　　　ありがとうございました。

　　　　　【丁寧にお辞儀をしてからドアのところまで行く】

　　　　　⑤ (a. お邪魔いたしました。／ b. 失礼いたしました。／ c. 失礼いたします。)

　　　　　【お辞儀をしてから部屋を出て、ドアを静かに閉める】

問題 1 12

グループ面接で3人の留学生が自己紹介をしています。例のように、話している内容を聞き取り、メモしてください。終わったら、あなたの自己紹介文を考えてください。

	（例）李さん	グエンさん	キムさん
学校名	令和大学 政経学部 経済学科	平成大学 （　　　　）学部 （　　　　）学科	昭和経済大学 （　　　　）学部 （　　　　）学科
出身	中国・上海		
学生時代の 活動①	ゼミ： 国際経済	専攻：	ゼミ：
学生時代の 活動②	留学生会 副会長	サークル：	サークル：

【私の自己紹介】

① 学校名

② 出身

③ 学生時代の活動（ゼミ・サークル・アルバイト・
　ボランティア・趣味など）

④ 挨拶

_____

_____

_____

_____

_____

_____

面接の自己PRでは、①「自分の強み」 → ②「その強みがよく分かる具体例」 → ③「その強みを入社後にどう生かすか」の順で話します。次の二つの自己PR文の例を参考にして、あなたの自己PR文を書いてください。終わったら、面接官に話すような気持ちで、声に出して読んでみましょう。

【例1：周りの人を巻き込む力がある】

① 私の強みは、周りの人を巻き込む力があるところです。

② 私の大学の留学生寮は、学生間の交流もほとんどなく、ゴミの捨て方などにも問題がありました。私は自分が生活する環境をよくしたいと思い、一人でゴミの分別を呼びかけるポスターを作ったり、共有スペースを整備したりし始めました。初めは関心を示さなかったほかの学生たちも、何度か声をかけるうちにだんだん協力してくれるようになり、今では週に1度は共有スペースに集まり、どうしたら住みやすい寮にできるか、話し合うまでになりました。

③ 御社でも、主体的に自分のすべきことを考え、周囲の方々の協力も得ながら、仕事をしていきたいと考えております。どうぞよろしくお願いいたします。

【例2：相手に合わせて行動できる】

① 私の強みは、相手に合わせて行動できるところです。

② 来日以来、ずっとコンビニでアルバイトをしていますが、最近、お客様にご年配の方が増えてきました。たびたび私の日本語が通じないことがあり、初めは私の発音が悪いのかと思っていたのですが、どうやら速く話したり、カタカナ語を使ったりすると、理解していただけないようだということが分かってきました。そこで、ご年配のお客様には話し方を変え、何かを探していらっしゃる場合は自分から声をかけるようにしました。最近では、何か分からないことがあると、私を探して聞いてくださる方も増えてきました。

③ このように、一人一人のお客様に合わせて行動できる強みを生かし、営業職として御社に貢献したいと考えております。どうぞよろしくお願いいたします。

8

面接を受けよう！

【私の強み：　　　　　　　　　　　　　　】

① 強み：

_____

_____

② 具体例：

_____

_____

_____

_____

_____

_____

③ 会社でどう生かすか：

_____

_____

_____

_____

面接では答えにくい質問を受けることがあります。どのように答えたらいいでしょうか。
適当だと思う答えを選んで、その理由について友達と話し合ってみましょう。

① 面接官　日本ではどのぐらい働きたいと思っていますか。

　　学生　　a. 3年ぐらい働いて、日本でのビジネス経験を積みたいと考えております。その後は帰国し、日本での経験を生かして自分の会社を作る予定です。

　　　　　　b. できる限り長く日本で働きたいと考えております。御社で自分の力を生かし、少しでも御社の業務に貢献できる社員になりたいと思います。

② 面接官　当社は第一志望ですか。

　　学生　　a. いいえ、第一志望はA社です。A社に合格できなかった場合は、ぜひ御社にお世話になりたいと考えております。

　　　　　　b. はい。御社を第一志望としております。OB訪問で営業部の山田様に業務内容や新しい事業についてのお話を伺い、ぜひとも御社で働きたいと思うようになりました。

③ 面接官　希望しない職種に配属されたら、どうしますか。

　　学生　　a. 社会人経験がない私にとっては、どのような職種でも学ぶことが多いと思いますので、配属された職種で、一生懸命頑張りたいと思います。

　　　　　　b. 大変申し訳ないのですが、私は商品企画の仕事しか考えておりません。

留学生を対象とした就活ガイダンスで、グループディスカッションについての説明をしています。資料を見ながら説明を聞いて、質問に答えてください。

グループディスカッションとは？

- 形式　：4〜8名程度の参加者がグループで話し合う。
- テーマ：仕事に対する考え方を尋ねるもの、発想・企画力をチェックするもの、時事問題など
- 時間　：30分〜45分程度
- 目的　：協調性、コミュニケーション能力、リーダーシップ、積極性などがあるかどうかチェックする。
- 役割　：司会、書記、タイムキーパー、発表者
- 進め方：① 自己紹介・役割分担をする。
　　　　　② 時間配分を決める。
　　　　　③ 意見・アイディアを出す。
　　　　　④ 意見・アイディアを整理する。
　　　　　⑤ まとめと発表準備をする。
　　　　　⑥ 発表する。

Q1　グループディスカッションに参加する態度として、最も適当なものはどれですか。

a. 自分の能力をアピールするために、ほかの参加者よりできるだけ長い時間話すようにする。

b. 日本語が上手ではないため、ほかの参加者の迷惑にならないよう、あまり発言しないようにする。

c. テーマから外れたことを話す参加者がいたら、話の途中でもすぐに注意してやめさせる。

d. 発言していない参加者がいたら、「○○さんはどう思いますか」と質問する。

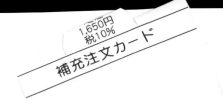

、内容を考えて、①～③のグループに分けてください。

( )

( )

( )

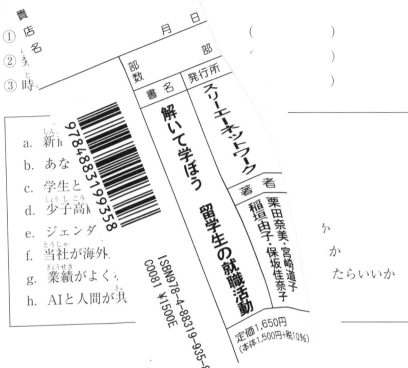

補充注文カード

1,650円
税10%

貴店名
① ①
② ②
③ ③

月　日

部

部数
書名
発行所

a. 新
b. あな
c. 学生と
d. 少子高
e. ジェンダ
f. 当社が海外
g. 業績がよく
h. AIと人間が共

9784883199358

スリーエーネットワーク

解いて学ぼう　留学生の就職活動

著者｜栗田奈美・宮崎道子
稲垣由子・保坂佳奈子

か

たらいいか

ISBN978-4-88319-935-8
C0081　¥1500E

定価1,650円
（本体1,500円+税10%）

8
面接を受けよう！

友達と一緒に面接の練習をしましょう。質問は下のリストから選んでください。

自己分析

① 学生時代に力を入れたことは何ですか。
② あなたの長所と短所は何ですか。
③ 仕事で生かせるあなたの強みを教えてください。

志望動機

① どうしてこの業界を選んだのですか。
② どうして当社を選んだのですか。
③ あなたの会社選びのポイントは何ですか。
④ 当社でどのような仕事をしたいですか。

志望企業に対する印象

① 当社のホームページや会社案内をご覧になって、どう思われましたか。
② 当社の企業理念について、どう思われますか。

志望企業での将来のキャリアプラン

① 将来、どのような仕事をしたいですか。
② 10年後、あなたは何をしていますか。

留学生がよく質問される内容

① どうして日本に留学したのですか。
② どうして日本で就職したいのですか。
③ 日本で何年ぐらい働きたいですか。
④ 帰国の予定はありますか。
⑤ 海外勤務に興味がありますか。
⑥ 文化の違いで困った時、どのように対応しましたか。

グループディスカッションの練習^{れんしゅう}をしましょう。4～8名のグループを作り、 Step 2 の
問題4 Q2 (P.79) のテーマの例^{れい} a～hを参考^{さんこう}にしてテーマを決^きめてください。そしてP.78
の「グループディスカッションとは？」の「進^{すす}め方^{かた}」にしたがって始めてください。時間は
30分です。

(例) ドラッグストアで販売^{はんばい}する新しい化粧品^{けしょうひん}の提案^{ていあん}

表現^{ひょうげん}の例
【意見^{いけん}を言う】
・私は (リーズナブルな価格^{かかく}であることが何よりも重要^{じゅうよう}だ) と思います。

【理由^{りゆう}を言う】
・というのは、(ドラッグストアで化粧品を買う人は若^{わか}い人が多い) からです。

【賛成^{さんせい}して、意見を言う】
・私もそう思います。(クリームやローションなど、詰^つめ替^かえ用^{よう}の商品を販売すれば、価^か
格^{かく}も下げられるし、環境^{かんきょう}にもいい) んじゃないでしょうか。

【反対^{はんたい}して、意見を言う】
・確^{たし}かにそうかもしれませんが、(もともとの価格が安ければ、わざわざ詰め替え用の商
品を買うのではなく、新しい商品を買う) んじゃないでしょうか。(それより、若い人
に人気が出るデザインを考えたほうがいい) と思うんですが、いかがでしょうか。

資料

① 就職活動で使われる丁寧な表現

クッション言葉（相手に何かを依頼したり、謝ったりする時に使う言葉）

●恐れ入りますが（頼む時）

（例）電話で話したい相手にかわってもらう時

　　　恐れ入りますが、部長の山田様はいらっしゃいますか。

●お手数ですが（相手にわざわざ何かをしてもらう時）

（例）会社の資料を送ってもらう時

　　　お手数ですが、御社の資料をお送りいただけますか。

●申し訳ございませんが（謝る時）

（例）面接で相手の話が聞き取れなかった時

　　　申し訳ございませんが、もう一度お願いできますか。

●失礼ですが（聞きにくいことを質問する時）

（例）OB・OG訪問で質問する時

　　　失礼ですが、○○さんは就職活動中、何社ぐらい応募されましたか。

●さっそくですが（すぐ話を始める時）

（例）OB・OG訪問で質問を始める時

　　　さっそくですが、○○さんが担当されている仕事の内容について教えていただけますか。

●お差し支えなければ（相手に問題がなければ、お願いしたい時）

（例）会社説明会で質問する時

　　　お差し支えなければ、御社の今後の海外戦略についてお聞かせいただけますか。

●あいにく（都合が悪くて断る時）

（例）人事部の担当者と日時について話す時

　　　あいにく、その日は大学の期末試験と重なっていてお伺いできません。

●ご迷惑をおかけいたしますが（相手に迷惑をかける時）

（例）ご迷惑をおかけいたしますが、この期間は帰国しておりますので、こちらから連絡させていただきます。

表現

普通の言い方	丁寧な言い方
すみません	申し訳ございません
分かりました	承知いたしました
知りません	存じません
あります	ございます
大丈夫です	問題ございません
いいですか	よろしいでしょうか
どうですか	いかがでしょうか

語彙

普通の言い方	丁寧な言い方	普通の言い方	丁寧な言い方
私・僕	私	このまえ	先日
（相手の）会社	御社／貴社*1	おととい	一昨日
（自分の）会社	当社／弊社*2	きのう	昨日
担当者	ご担当の方／ご担当者様	きょう	本日
		あした	明日／明日
ここ・こっち・これ	こちら	あさって	明後日
そこ・そっち・それ	そちら	さっき	先ほど
あそこ・あっち・あれ	あちら	あとで	後ほど
どこ・どっち・どれ	どちら		

*1「御社」は話す時、「貴社」は書く時に使います。

*2「当社」は丁寧語として社内外どちらの人にも使えます。「弊社」は謙譲語なので社外の人に使います。

敬語動詞

普通の言い方	尊敬語	謙譲語
います	いらっしゃいます おいでになります	おります
行きます	いらっしゃいます おいでになります	参ります 伺います
来ます	いらっしゃいます おいでになります	参ります 伺います
します	なさいます	いたします
言います	おっしゃいます	申します 申し上げます
会います	お会いになります	お目にかかります お会いします
聞きます	お聞きになります	伺います お聞きします
見ます	ご覧になります	拝見します
あげます		さしあげます
もらいます		いただきます 頂戴します
くれます	くださいます	
思います	お思いになります	存じます
知っています	ご存じです	存じています 存じ上げています

② 一般的な新卒採用面接

	一次面接	二次（～三次）面接	最終面接
形式	グループ面接 グループディスカッション	個人面接 グループ面接（2～3名）	個人面接
面接官	若手社員、中堅社員（現場の社員）	中堅社員、課長・部長（管理職の社員）	役員・社長（経営者）
質問内容	エントリーシートや履歴書に書いた内容	（自己 PR や志望動機から発展させて）どんな経験から現在の考えや能力を持つようになったか	（自己 PR や志望動機から発展させて）物事に対する考え方や入社の意思
ポイント	・第一印象 ・基本的なマナー ・コミュニケーション能力	・会社が欲しいと思う人物か（性格・能力・適性など）	・信用できる人物か ・入社を希望する気持ちの強さ ・将来性があるか

③ お辞儀の種類

●会釈

・角度：15度
・目線：自分の足元から3メートル先
・軽く挨拶する時
　（例）会社の人とすれ違った時
　　　　入退室の挨拶
　　　　「失礼いたします。」

●敬礼

・角度：30度
・目線：自分の足元から1メートル先
・丁寧に挨拶する時
　（例）お願いをする時
　　　　お礼を言う時
　　　　「よろしくお願いいたします。」
　　　　「ありがとうございました。」

索引　す〜て

91

著者

栗田　奈美（くりた　なみ）
　　拓殖大学日本語教育研究所 教授

宮崎　道子（みやざき　みちこ）
　　元（一財）国際教育振興会 日米会話学院日本語研修所 所長、
　　元インターカルト日本語学校ビジネス日本語研究所 所長、日本経済大学 講師

稲垣　由子（いながき　よしこ）
　　元秀明大学総合経営学部 専任講師、
　　秀明大学総合経営学部・英語情報マネジメント学部・観光ビジネス学部日本語担当 講師

保坂　佳奈子（ほさか　かなこ）
　　国士舘大学交換留学生日本語プログラム担当 講師、武蔵野学芸専門学校 講師、
　　ジャパニーズランチ株式会社 講師

翻訳
英語　スリーエーネットワーク　　中国語　徐前　　ベトナム語　Lê Trần Thư Trúc

イラスト
山口晴代

装丁・本文デザイン
株式会社オセロ

解いて学ぼう　留学生の就職活動

2023 年 12 月 8 日　初版第 1 刷発行
2024 年 4 月 24 日　第 2 刷 発 行

著　者　栗田奈美　宮崎道子　稲垣由子　保坂佳奈子
発行者　藤嵜政子
発　行　株式会社スリーエーネットワーク
　　　　〒102-0083　東京都千代田区麹町 3 丁目 4 番
　　　　　　　　　　トラスティ麹町ビル 2 F
　　　　電話　営業　03（5275）2722
　　　　　　　編集　03（5275）2725
　　　　https://www.3anet.co.jp/
印　刷　三美印刷株式会社

ISBN978-4-88319-935-8　C0081

解いて学ぼう 留学生の就職活動

語彙リスト

解答と解説、聴解・聴読解問題スクリプト

別　冊

スリーエーネットワーク

語彙リスト

1 自己分析をしよう！

李さんと鈴木さんの会話

自己分析　じこぶんせき	self-analysis	自我分析	sự phân tích bản thân
エントリーシート	(one of the "application documents" that students submit to companies in job hunting)	报名表（就职活动中，学生向企业提出的"报名材料"之一）	đơn dự tuyển
履歴書　りれきしょ	résumé, CV	履历表、简历	sơ yếu lí lịch, CV
アピールする	appeal	宣传	thể hiện ưu điểm
強み　つよみ	strengths	长处、优点	điểm mạnh
価値観　かちかん	values	价值观	giá trị quan
振り返る　ふりかえる	look back	回想、回顾	nhìn lại
客観的に　きゃっかんてきに	objectively	客观地	một cách khách quan

Step 1

問題1

力を入れる　ちからをいれる	devote one's energies	用力、致力于	nỗ lực
学園祭　がくえんさい	school festival	学园祭（大学等学校的文化节）	lễ hội của trường
宣伝　せんでん	publicity	宣传	quảng cáo
SNS　エスエヌエス	SNS	SNS（社交网站）	mạng xã hội
〜先　〜さき	place of〜	〜地方	nơi 〜
店長　てんちょう	store manager	店长	người quản lý cửa hàng
GPA　ジーピーエー	GPA(Grade Point Average)	GPA（平均学分绩点）	điểm trung bình các môn học
両立する　りょうりつする	be compatible with each other	两立	cân bằng
分担する　ぶんたんする	share	分担	phân chia
協調性　きょうちょうせい	cooperation	协调性	tinh thần hợp tác
忍耐力　にんたいりょく	perseverance	忍耐力、耐性	tính kiên trì
リーダーシップ	leadership	领导才能	khả năng lãnh đạo

問題2

就職活動　しゅうしょくかつどう	job hunting	就职活动	hoạt động tìm việc làm
短所　たんしょ	weak point	缺点、不足之处	nhược điểm

長所　ちょうしょ	strong point	优点、长处	uu điểm
取り組む　とりくむ	work on	着手、致力于	xử lý
おおらか（な）	generous	心胸开阔、宽厚	phóng khoáng
向上心　こうじょうしん	ambition	上进心	tinh thần cầu tiến
心配性（な）　しんぱいしょう（な）	worrier	爱操心、爱担忧	hay lo lắng
頑固（な）　がんこ（な）	stubborn	顽固	cố chấp
負けず嫌い（な）　まけずぎらい（な）	competitive	不服输、好强	ghét thua cuộc
マイペース（な）	do things at one's own pace	我行我素	khoan thai, thong dong

Step 2

問題 1

日用品　にちようひん	daily necessities	日用品	vật dụng hàng ngày
ティッシュ	tissue	纸巾	khăn giấy
メーカー	manufacturer	厂商	công ty sản xuất
生活用品　せいかつようひん	household goods	生活用品	vật dụng sinh hoạt
専門商社　せんもんしょうしゃ	specialized trading company	专门商社、专门贸易公司	công ty thương mại chuyên doanh

スクリプト

帰国　きこく	return to one's country	回国	sự về nước
生かす　いかす	make use of	发挥、活用	vận dụng
インターンシップ	internship	实习	việc thực tập

問題 2

自分史　じぶんし	personal history	自身历史	lịch sử bản thân
資格　しかく	qualifications	资格	tư cách, chứng chỉ
リレー競走　リレーきょうそう	relay race	接力赛跑	môn chạy tiếp sức
陸上部　りくじょうぶ	track and field club	田径队	câu lạc bộ điền kinh
部員　ぶいん	club member	队员	thành viên câu lạc bộ
マネージャー	manager	管理人	người quản lý
取得する　しゅとくする	acquire	取得	đạt được
アドバイス	advice	建议、忠告	lời khuyên
空欄　くうらん	blank	空栏	ô trống

スクリプト

タイム	time	（田径比赛等的）记录、时间	thời gian
励ます　はげます	encourage	激励、鼓励	động viên
フォーム	form	形体、姿势	tư thế, dáng

| 書き加える　かきくわえる | add a note | 加写 | ghi thêm |

Step 3

問題 1

具体例　ぐたいれい	specific examples	具体事例	ví dụ cụ thể
克服する　こくふくする	overcome	克服	khắc phục
特技　とくぎ	special skills	特技	kĩ năng đặc biệt

2 仕事を決めよう！

李さんと鈴木さんの会話

業界　ぎょうかい	industry	业界	ngành nghề, giới
職種　しょくしゅ	type of job	工种	loại công việc
企業　きぎょう	company	企业	doanh nghiệp
在留資格　ざいりゅうしかく	status of residence	在留资格	tư cách lưu trú
製造業　せいぞうぎょう	manufacturing	制造行业	công nghiệp sản xuất
サービス業　サービスぎょう	service industry	服务行业	công nghiệp dịch vụ

Step 1

問題 1

小売　こうり	retail	零售	bán lẻ
金融　きんゆう	finance	金融	tài chính
インフラ	infrastructure	城市基础设施	cơ sở hạ tầng
ソフトウェア	software	计算机软件	phần mềm
通信　つうしん	communication	通信、通讯	thông tin liên lạc
マスコミ	mass media	媒体、传媒	truyền thông đại chúng
処理　しょり	processing	（信息）处理	sự xử lý
提供　ていきょう	providing	提供	sự cung cấp
伝達　でんたつ	transmission	（信息）传达	sự truyền đạt
社会基盤　しゃかいきばん	social infrastructure	社会基础	nền tảng xã hội
運用する　うんようする	manage	（资金）运用	sử dụng, điều hành
取引　とりひき	transaction	交易	sự giao dịch
仲介する　ちゅうかいする	act as an intermediary	从中调停，从中斡旋	làm trung gian
発信する　はっしんする	transmit	发送、发信	truyền, phát
消費者　しょうひしゃ	consumers	消费者	người tiêu dùng

問題2

従業員　じゅうぎょういん	employees	员工、从业人员	người lao động
制度　せいど	system	制度	chế độ
事業　じぎょう	business	事业	công việc kinh doanh
資本金　しほんきん	capital	资本金	tiền vốn
売上高　うりあげだか	sales	销售额	doanh thu
所在地　しょざいち	location	所在地	địa điểm của doanh nghiệp
顧客　こきゃく	clients	顾客	khách hàng
企業理念　きぎょうりねん	corporate philosophy	企业理念	triết lý của doanh nghiệp
社会貢献活動　しゃかいこうけんかつどう	social contribution activities	社会贡献活动	hoạt động đóng góp cho xã hội
福利厚生　ふくりこうせい	welfare program	福利待遇	chế độ phúc lợi

Step 2

問題1

医薬品　いやくひん	pharmaceuticals	医药品	dược phẩm
証券　しょうけん	securities	证券	chứng khoán
クレジットカード	credit card	信用卡	thẻ tín dụng
保険　ほけん	insurance	保险	bảo hiểm
陸運　りくうん	land transportation	陆路运输	vận tải đường bộ
海運　かいうん	shipping	海运	vận tải đường thủy
物流　ぶつりゅう	logistics	物流	hậu cần
外食　がいしょく	restaurant (industry)	在外就餐	việc đi ăn bên ngoài
フードサービス	food service	食品服务	dịch vụ ẩm thực
福祉　ふくし	welfare	福利	phúc lợi
介護　かいご	nursing care	护理、看护	sự chăm sóc
人材サービス　じんざいサービス	human resource services	人才服务	dịch vụ nhân sự
ゲームソフト	game software	游戏软件	phần mềm game
芸能　げいのう	entertainment	文艺	văn nghệ
開発する　かいはつする	develop	研制、开发	phát triển
システムエンジニア	systems engineer	系统工程师	kỹ sư hệ thống

スクリプト

企画　きかく	planning	企划、规划	dự án, kế hoạch
男性用　だんせいよう	for men	男子专用	dành cho nam giới

コスメ	(abbreviation for コスメチック (cosmetics))	（コスメチック（化妆品）的略语）	(từ viết tắt của コスメチック (mỹ phẩm))
理工学部　りこうがくぶ	faculty of science and technology	理工系	khoa Khoa học và Kỹ thuật
関連　かんれん	relation	关联、相关	sự liên quan

問題2

代表取締役社長　だいひょうとりしまりやくしゃちょう	president and representative director	董事长	giám đốc đại diện
本社　ほんしゃ	head office	总公司	trụ sở chính
事業所　じぎょうしょ	office	事务所	văn phòng, nhà máy
心を込める　こころをこめる	put one's heart into something	全心全意	với cả tấm lòng
食用油　しょくようあぶら	edible oil	食用油	dầu ăn
加工食品　かこうしょくひん	processed foods	加工食品	thực phẩm đã qua chế biến
取引先　とりひきさき	business partners	交易对象	đối tác, khách hàng
安定性　あんていせい	stability	安定性	tính ổn định
ボランティア活動　ボランティアかつどう	volunteer activities	志愿者活动	hoạt động tình nguyện
採用　さいよう	recruitment	录用	sự tuyển dụng
応募資格　おうぼしかく	requirements for application	报名条件	tư cách ứng tuyển
チャレンジする	meet a challenge	挑战	thử thách
昨年度　さくねんど	the last fiscal year	上个年度	năm tài chính trước đây
初任給　しょにんきゅう	starting salary	初始工资	lương khởi điểm
賞与　しょうよ	bonus	奖金	tiền thưởng
昇給　しょうきゅう	salary increase	提薪	sự tăng lương
休日　きゅうじつ	holidays	休息日	ngày nghỉ
週休二日制　しゅうきゅうふつかせい	two days off per week	周休两日制	chế độ nghỉ hai ngày/tuần
社会保険　しゃかいほけん	social insurance	社保	bảo hiểm xã hội
完備　かんび	full coverage	完备、完善	đầy đủ
退職金　たいしょくきん	severance pay	退职金	tiền bồi thường nghỉ việc
手当　てあて	allowance	补贴	trợ cấp
選考　せんこう	selection	选拔	sự tuyển chọn
一次（面接）　いちじ（めんせつ）	first round (interview)	初次（面试）	(phỏng vấn) vòng đầu

時間外手当　じかんがいてあて	overtime allowance	加班费	trợ cấp ngoài giờ
奨学金　しょうがくきん	scholarship	奖学金	học bổng
月収　げっしゅう	monthly income	月收入	thu nhập hàng tháng

問題3

〜系　〜けい	〜 type	〜系列	nhóm 〜
総務　そうむ	general affairs	总务	tổng vụ
人事　じんじ	human resources	人事	nhân sự
会計　かいけい	accounting	会计	kế toán
経理　けいり	accounting	财务会计	quản lý tài chính
マーケティング	marketing	市场营销	tiếp thị
広報　こうほう	public relations	宣传报道	quan hệ công chúng
カスタマーサポート	customer support	客服、客户支持	hỗ trợ khách hàng
販売スタッフ　はんばいスタッフ	sales staff	推销员、销售员	nhân viên bán hàng
バイヤー	buyer	采购员	người mua
IT コンサルタント　アイティーコンサルタント	IT consultant	IT 顾问、IT 专家	tư vấn viên IT
プログラマー	programmer	程序员	lập trình viên
品質・生産管理　ひんしつ・せいさんかんり	quality and production control	质量生产管理	quản lý chất lượng - sản xuất
介護福祉士　かいごふくしし	care worker	护理师	nhân viên chăm sóc
ゲームクリエイター	game creator	游戏开发者	người lập trình game
為替ディーラー　かわせディーラー	currency dealer	外汇交易商	người đổi tiền
〜に強い　〜につよい	strong in 〜	擅长〜	giỏi về 〜
プログラミング	programming	程序设计	lập trình
求人情報　きゅうじんじょうほう	job openings	招聘信息	thông tin tuyển dụng
就業場所　しゅうぎょうばしょ	job location	工作地点	nơi làm việc
雇用形態　こようけいたい	employment type	雇佣形式	hình thức tuyển dụng
賃金　ちんぎん	wage	工资	tiền lương
正社員　せいしゃいん	full-time employee	正式职工	nhân viên chính thức
有限会社　ゆうげんがいしゃ	limited company	有限公司	công ty trách nhiệm hữu hạn
サポート	support	支持、支援	sự hỗ trợ

スクリプト

エントリーする	make an entry	报名	đăng ký dự tuyển
簿記　ぼき	bookkeeping	簿记	quản lý sổ sách, kế toán
第一希望　だいいちきぼう	first choice	第一志愿	nguyện vọng 1

専門課程　せんもんかてい	specialized course	专业课程	khóa học chuyên ngành
専修学校　せんしゅうがっこう	vocational school	专修学校	trường đào tạo chuyên nghiệp
技術・人文知識・国際業務　ぎじゅつ・じんぶんちしき・こくさいぎょうむ	Engineer / Specialist in Humanities / International Services	工程师 / 人文专家 / 国际服务	Kỹ thuật, tri thức nhân văn, nghiệp vụ quốc tế
自然科学　しぜんかがく	natural sciences	自然科学	khoa học tự nhiên
人文科学　じんぶんかがく	humanities	人文科学	khoa học nhân văn
法律学　ほうりつがく	legal studies	法学	luật học
経済学　けいざいがく	economics	经济学	kinh tế học
社会学　しゃかいがく	sociology	社会学	xã hội học
感受性　かんじゅせい	sensitivity	感受性	khả năng cảm thụ
出入国在留管理庁　しゅつにゅうこくざいりゅうかんりちょう	Immigration Services Agency	出入国在留管理厅	cục Quản lý lưu trú và xuất nhập cảnh
ウェブサイト	website	网站	trang web
就労　しゅうろう	work	就劳、就业	sự làm việc

3 OB・OG訪問をしよう！

李さんと鈴木さんの会話

内定　ないてい	tentative offer of employment	内定	quyết định tuyển dụng
アピールポイント	appeal points	宣传的重点	điểm đáng chú ý, điểm mạnh

Step 1

問題1

アプリ	(abbreviation of アプリケーション (application))	(アプリケーション (应用程序) 的略语)	(từ viết tắt của アプリケーション (ứng dụng))

問題2

深める　ふかめる	deepen	深入	đào sâu
公開する　こうかいする	make public	公开	công bố
機密情報　きみつじょうほう	confidential information	机密情报	thông tin cơ mật
聞き出す　ききだす	ask for	探听	dò hỏi
全体像　ぜんたいぞう	big picture	总体情况	bức tranh toàn cảnh
志望動機　しぼうどうき	reasons for applying	志愿动机	lý do ứng tuyển

| キャリア | career | 经历 | sự nghiệp |
| 人生設計　じんせいせっけい | life plan | 人生设计 | kế hoạch cuộc đời |

Step 2

問題1

アポイント	appointment	预约、约会	cuộc hẹn
書き直す　かきなおす	rewrite	重写	sửa lại
差出人　さしだしにん	sender	发信人、寄件人	người gửi
宛先　あてさき	address, addressee	收信人的姓名、地址	họ tên, địa chỉ người nhận
件名　けんめい	subject	邮件名称	chủ đề
企画部　きかくぶ	planning department	企划部门	phòng Kế hoạch
携帯電話　けいたいでんわ	mobile phone	手机	điện thoại di động

問題2

スケジュール	schedule	日程、日程表	lịch trình
御社　おんしゃ	your company (used when speaking)	御社（用于说话时）	công ty của quý vị (văn nói)
残業　ざんぎょう	overtime	加班	sự làm ngoài giờ
応募する　おうぼする	apply	应募、报名	ứng tuyển

問題3

マナー	manners	礼貌、礼节	cách xử sự, thái độ
カジュアル（な）	casual	休闲、简便	bình thường, không trịnh trọng
両手　りょうて	both hands	两手	hai tay

Step 3

問題1

株式会社　かぶしきがいしゃ	corporation	株式会社、股份有限公司	công ty cổ phần
ヒント	tips	启示、线索	gợi ý
宛名　あてな	addressee	收信人姓名	tên người nhận
自己紹介　じこしょうかい	self-introduction	自我介绍	tự giới thiệu
本題　ほんだい	main subject	正题	chuyện chính
署名　しょめい	signature	署名	chữ ký

問題2

| 参考　さんこう | reference | 参考 | sự tham khảo |
| 時間を取る　じかんをとる | spare time | 抽出时间 | dành thời gian |

本日　ほんじつ	today	今天	hôm nay

誠に　まことに	sincerely	实在、真	chân thành
貴社　きしゃ	your company (used when writing)	贵社（用于书写时）	công ty của quý vị (văn viết)
具体的に　ぐたいてきに	specifically	具体地	một cách cụ thể

4　志望動機を考えよう！

李さんと鈴木さんの会話

貢献する　こうけんする	contribute	贡献	đóng góp
熱意　ねつい	enthusiasm	诚意、热情	lòng nhiệt tình, sự tha thiết

Step 1

問題1

アイディア	idea	主意、建议	ý tưởng
母国　ぼこく	mother country	祖国、母国	nước của mình
感銘を受ける　かんめいをうける	be impressed	受到感动	có ấn tượng sâu sắc
こころがける	aim	留神、注意	tâm niệm

問題2

店舗　てんぽ	store	店铺	cửa hàng
重機　じゅうき	heavy equipment	重型机械	máy móc hạng nặng
関わる　かかわる	get involved	有关	tham gia
調味料　ちょうみりょう	seasoning	调味品	gia vị
業務　ぎょうむ	business	业务	công việc
多様化する　たようかする	diversify	多样化	đa dạng hóa
ニーズ	needs	需求	nhu cầu
アプリケーション	applications	应用程序、应用软件	ứng dụng
通信機器　つうしんきき	communication equipment	通信设备	thiết bị thông tin liên lạc
接客する　せっきゃくする	serve customers	接待客人	tiếp đãi, phục vụ

問題3

起業する　きぎょうする	start a business	创业	khởi nghiệp
キャリアプラン	career planning	职业培训计划	kế hoạch sự nghiệp

Step 2

問題 1

グループワーク	group work	小组协同作业	làm việc nhóm

問題 2

ショールーム	showroom	展示厅、陈列室	phòng trưng bày
デザイン	design	设计	kiểu dáng
手に入る　てにはいる	be obtainable	到手	có được
両国　りょうこく	both countries	两国	hai nước
試乗　しじょう	test ride	试乘、试车	việc lái thử

問題 3

新人　しんじん	newcomer	新人、新手	người mới
スタッフリーダー	staff leader	员工负责人	người đứng đầu nhân viên làm thêm
任す　まかす	entrust	委托	giao phó
カウンター業務　カウンターぎょうむ	counter operations	柜台业务	công việc ở quầy giao dịch
目標を立てる　もくひょうをたてる	set goals	制定目标	đặt mục tiêu
やり取り　やりとり	interacting	对话	việc trao đổi lời nói
コミュニケーション	communication	交流	việc giao tiếp

スクリプト

先日　せんじつ	the other day	前几天	hôm trước
面会　めんかい	interview	会面	buổi gặp
応募先　おうぼさき	where to apply	应征地点 (公司)	nơi ứng tuyển

Step 3

問題 1

おもてなし	hospitality	招待	sự phục vụ
機械工学　きかいこうがく	mechanical engineering	机械工学	kỹ thuật cơ khí
リサイクル設備　リサイクルせつび	recycling equipment	废品回收设备	thiết bị tái chế
限り　かぎり	limit	限度、制限	giới hạn
改良　かいりょう	improvement	改良	sự cải tiến

5 エントリーシート・履歴書を書こう！

李さんと鈴木さんの会話

採用試験　さいようしけん	employment examination	录用考试	bài thi tuyển dụng

ES　イーエス	(abbreviation for エントリーシート (entry sheet))	（エントリーシート (报名表) 的略语)	(từ viết tắt của エントリーシート (đơn dự tuyển))
書式　しょしき	form	格式	hình thức
自己PR　じこピーアール	self-promotion	自我宣传	tự quảng cáo
連絡先　れんらくさき	contact information	通讯处	địa chỉ liên lạc
学歴　がくれき	academic background	学历	lý lịch học tập
人事資料　じんじしりょう	personnel data	人事资料	tài liệu nhân sự
保管する　ほかんする	keep	保管	lưu trữ

Step 1

問題1

手書き　てがき	handwritten	手写	việc viết tay
クイズ	quiz	智力测验	bài kiểm tra nhỏ
はがれる	peel off	剥落	bị bong ra
修正液　しゅうせいえき	correction fluid	涂改液	bút xóa

問題2

応募書類　おうぼしょるい	application forms	报名材料	hồ sơ ứng tuyển
弊社　へいしゃ	our company	敝公司	công ty của chúng tôi
職務経歴書　しょくむけいれきしょ	résumé, CV	职务履历表	lý lịch công tác, CV
略語　りゃくご	abbreviation	略语	từ viết tắt
送付状　そうふじょう	letter of transmittal, covering letter	发送单	thư giới thiệu khái quát
書き言葉　かきことば	written language	书面用语	từ dùng khi viết
話し言葉　はなしことば	spoken language	口头用语	từ dùng khi nói

問題3

居酒屋　いざかや	tavern	酒馆	quán rượu
昨年　さくねん	last year	去年	năm ngoái

Step 2

問題1

満〜歳　まん〜さい	～ year old	满～岁	tròn ～ tuổi
現住所　げんじゅうしょ	current address	现住所	địa chỉ hiện tại
緊急連絡先 きんきゅうれんらくさき	emergency contact	紧急联络地点 (人)	địa chỉ hoặc người liên lạc khẩn cấp
同上　どうじょう	same as above	同上	như trên
職歴　しょくれき	business experience	工作经历	quá trình công tác

見込　みこみ	expected	预定	dự kiến
及び　および	and	及，以及	và
TOEIC 公開テスト　トーイックこうかいテスト	TOEIC Public Programme	托业公开考试	bài thi TOEIC dành cho thí sinh tự do
出店　しゅってん	store openings	开店	sự mở cửa hàng
項目　こうもく	item	项目	mục

スクリプト

グルメ	gourmet	餐饮	ẩm thực
アレンジする	modify	想办法设计编排	cải biên

問題2

修了　しゅうりょう	completion	结业	sự hoàn thành
政経学部　せいけいがくぶ	faculty of political science and economics	政经系	khoa Chính trị và Kinh tế
タイムトライアル	time trial	计时	cuộc đua tính giờ
SDGs　エスディージーズ	SDGs	可持续发展目标	mục tiêu phát triển bền vững
年配　ねんぱい	elderly	长者、年长	(người) lớn tuổi
声をかける　こえをかける	speak to	打招呼	bắt chuyện
東南アジア　とうなんアジア	Southeast Asia	东南亚	Đông Nam Á
国々　くにぐに	countries	各国	các nước
社員　しゃいん	employees	公司职员	nhân viên công ty
ホームページ	home page	网页	trang chủ
片づけ　かたづけ	clean-up	收拾、整理	sự dọn dẹp

問題3

在中　ざいちゅう	enclosed	装有	có ở trong
工学部　こうがくぶ	faculty of engineering	工程系	khoa Kỹ thuật

スクリプト

部署　ぶしょ	department	部署	phòng, ban
フォーマット	template	格式	dạng thức mẫu

Step 3

問題1

単身　たんしん	single	单身	một mình
裏面　りめん	back side	背面	mặt sau
のりづけ	gluing	粘贴	sự dán

問題3

新卒　しんそつ	new graduates	应届毕业生	người mới tốt nghiệp

送付　そうふ	sending	发送	việc gửi đi
拝啓　はいけい	Dear Sir or Madam (word of greeting used at the beginning of a written document)	敬启（书信开头的寒暄用语）	kính gửi (từ dùng để chào hỏi, ghi ở đầu thư)
時下　じか	at this time of year (word used in greetings for written documents)	时下（书信寒暄用语）	hiện tại, dạo này (từ dùng để chào hỏi trong thư)
（ご）清栄　（ご）せいえい	health and prosperity (word used in greetings for written documents)	康泰（书信寒暄用语）	sức khỏe và thành đạt (từ dùng để chào hỏi trong thư)
慶ぶ　よろこぶ	be glad (word used in greetings for written documents)	欣喜（书信寒暄用语）	chúc (từ dùng để chào hỏi trong thư)
下記　かき	mentioned below	下记	ghi bên dưới
何卒　なにとぞ	please (word used to make a request)	请、务必（请求或委托他人时的寒暄用语）	kính mong (từ dùng khi nhờ vả)
敬具　けいぐ	Yours sincerely (word of valediction used at the end of a written document)	谨启（书信末尾的寒暄用语）	kính thư (từ dùng để chào hỏi, ghi ở cuối thư)

6　インターンシップに参加しよう！

李さんと鈴木さんの会話

体験　たいけん	experience	体验	sự trải nghiệm
課題　かだい	assignment	课题	nhiệm vụ, vấn đề
ワーク	work	作业	sự làm việc

Step 1

問題 2

就職情報サイト　しゅうしょくじょうほうサイト	job hunting information site	就职信息网站	trang thông tin việc làm

Step 2

問題 1

就活ガイダンス　しゅうかつガイダンス	job hunting guidance	就职活动指导	buổi hướng dẫn tìm việc
プロジェクト	project	项目	đề án, dự án

| 入力　にゅうりょく | input | 输入 | sự nhập liệu |
| 社内　しゃない | in the company | 公司内 | trong công ty |

スクリプト

| 商談　しょうだん | business meeting | 商业谈判 | việc đàm phán thương mại |
| プレゼンテーション | presentation | 讲演稿、演示 | việc thuyết trình |

問題2

体験記　たいけんき	experiences	体验记	nhật ký trải nghiệm
若手社員　わかてしゃいん	young employees	年轻的公司职员	nhân viên trẻ tuổi
購入する　こうにゅうする	purchase	购进	mua
証券取引所　しょうけんとりひきじょ	stock exchange	证券交易所	sở giao dịch chứng khoán
株式投資　かぶしきとうし	investing in stocks	股票投资	sự đầu tư cổ phiếu
同行　どうこう	accompanying	同行	sự cùng đi
成果　せいか	outcome	成果	kết quả
構築　こうちく	construction	构筑	sự xây dựng
ウェブページ	web page	网页	trang web

Step 3

問題2

取り次ぎ　とりつぎ	passing on (information), conveying (information)	转达、传达	sự truyền đạt (thông tin)
製薬　せいやく	pharmaceuticals	制药	sự sản xuất dược phẩm
席を外す　せきをはずす	leave one's seat	中途退席	ra ngoài, không ở nơi làm việc
念のため　ねんのため	just in case	为了慎重起见	để chắc chắn, cho chắc

問題3

社会人基礎力　しゃかいじんきそりょく	basic skills for working adults	社会人的基础能力	năng lực nền tảng của người đi làm
踏み出す　ふみだす	take the first step	迈出、迈步	tiến lên
主体性　しゅたいせい	initiative	自主性、独立性	tính tự chủ
働きかけ力　はたらきかけりょく	ability to work with others	推动他人卷入其中的力量	năng lực tác động
巻き込む　まきこむ	involve	卷入	lôi kéo
考え抜く　かんがえぬく	think through	深思熟虑	suy xét kỹ lưỡng
設定する　せっていする	set	设定（目标）	thiết lập
プロセス	process	过程、程序	quá trình
創造力　そうぞうりょく	creativity	创造力	năng lực sáng tạo

傾聴力　けいちょうりょく	ability to listen	倾听力	khả năng lắng nghe
柔軟性　じゅうなんせい	flexibility	灵活性	tính linh hoạt
状況把握力　じょうきょうはあくりょく	situational awareness	把握状况的能力	khả năng nắm bắt tình hình
規律性　きりつせい	discipline	规律性	tính kỷ luật
ストレスコントロール力　ストレスコントロールりょく	ability to control stress	控制精神压力的能力、耐压能力	khả năng kiểm soát căng thẳng
対応する　たいおうする	cope with	对应	đối phó, giải quyết

7　会社説明会に参加しよう！

李さんと鈴木さんの会話

学内　がくない	on campus	学校内	trong trường
主催者　しゅさいしゃ	organizer	主办单位	người tổ chức

Step 1

問題2

社風　しゃふう	corporate culture	公司的风气	phong cách, tập quán của công ty
人物像　じんぶつぞう	sort of person	人物形象	hình ảnh người
社員食堂　しゃいんしょくどう	company cafeteria	职工内部食堂	nhà ăn của nhân viên
ランチミーティング	lunch meeting	午餐会议（利用午餐时间一边吃一边进行的会议）	buổi họp mặt ăn trưa
上司　じょうし	boss	上司、上级	cấp trên
盛り上がる　もりあがる	liven up	热烈、高涨	hào hứng chuyện trò
グループディスカッション	group discussion	分组讨论	buổi thảo luận nhóm

Step 2

問題1

入退場　にゅうたいじょう	Entering and Exiting	入场退场	sự ra vào nơi nào đó
短大　たんだい	junior college	短期大学	cao đẳng
イベントホール	event hall	活动大厅	trung tâm tổ chức sự kiện
短パン　たんぱん	shorts	短裤	quần đùi

問題2

聞き取る　ききとる	listen	听、听取	nghe hiểu
リゾート	resort	休养地、度假村	khu nghỉ dưỡng

Step 3

問題 1

| エリア | area | 地区 | khu vực |

スクリプト

| ～か国　～かこく | ~ countries | ～个国 | ～ nước |
| 世界中　せかいじゅう | all over the world | 全世界 | toàn thế giới |

問題 2

| 今年度　こんねんど | this fiscal year | 本年度 | năm tài chính này |

問題 3

| 引き続き　ひきつづき | continuously | 继续 | tiếp tục |

8 面接を受けよう！

李さんと鈴木さんの会話

展望　てんぼう	outlook	展望	triển vọng
第一印象　だいいちいんしょう	first impression	第一印象	ấn tượng đầu tiên
身だしなみ　みだしなみ	appearance	注意仪表	vẻ bề ngoài
面接官　めんせつかん	interviewer	面试官	người phỏng vấn

Step 2

問題 1

スクリプト

異文化コミュニケーション 　いぶんかコミュニケーション	cross-cultural communication	异文化交流	sự giao tiếp liên văn hóa
ビジネス場面　ビジネスばめん	business situation	商务场合	bối cảnh thương mại
異文化摩擦　いぶんかまさつ	cross-cultural friction	异文化摩擦	sự va chạm liên văn hóa
要因　よういん	factor	要因	nguyên nhân chính
組み合わせる　くみあわせる	combine	搭配在一起	kết hợp
学業　がくぎょう	studies	学业	việc học

問題 2

| 分別　ぶんべつ | separation | 分别 | sự phân loại |
| 共有スペース　きょうゆうスペース | shared space | 共有空间 | không gian chung |

問題 3

当社　とうしゃ	our company	本公司	công ty của chúng tôi
第一志望　だいいちしぼう	first choice	第一志愿	nguyện vọng 1
配属する　はいぞくする	assign	分配、配属	phân công

時事問題　じじもんだい	current events	时事问题	vấn đề mang tính thời sự
書記　しょき	secretary	记录员	thư ký
タイムキーパー	timekeeper	计时员	người bấm giờ
時間配分　じかんはいぶん	time allocation	时间分配	sự phân bố thời gian
発言する　はつげんする	speak	发言	phát biểu
少子高齢化　しょうしこうれいか	declining birthrate and aging population	少子老龄化	tỉ lệ sinh giảm và sự già hóa dân số
ジェンダー平等 ジェンダーびょうどう	gender equality	性平等	bình đẳng giới
業績　ぎょうせき	performance	业绩	thành tích kinh doanh
AI　エーアイ	AI	AI、人工智能	trí tuệ nhân tạo
共存する　きょうぞんする	coexist	共存	chung sống, cùng tồn tại

Step 3

問題1

| 海外勤務　かいがいきんむ | overseas work | 海外工作 | sự làm việc ở nước ngoài |

問題2

ドラッグストア	drugstore	药妆店	cửa hàng dược phẩm
リーズナブル（な）	reasonable	(价格等) 合理	hợp lý
詰め替え　つめかえ	refill	替换用商品	sự làm đầy lại

解答と解説、聴解・聴読解スクリプト

1 自己分析をしよう！

Step 1

問題1

① c ➡担当した役割を果たし、目標を達成したことから、物事を実現するために行動する力（＝実行力）があることが分かる。

② e ➡現在の問題点に気がつき、改善のための適切な提案ができたことをアピールしている。

③ a ➡いろいろな文化や考えを持つメンバーと協力しながら活動することは、協調性がなければできないことである。

④ b ➡余裕がなく大変な状況でも、それを我慢して頑張り続けたことをアピールしている。

⑤ d ➡文中の「先頭に立つ」は、リーダーとして何かをすることを表している。

💡 ・「強み」を表す表現の例

積極性がある、計画性がある、継続力がある、行動力がある、適応力がある、調整力がある、目標達成力がある、チャレンジ精神がある、落ち着きがある、責任感が強い、コミュニケーション能力が高い、気配りができる、創意工夫ができる、最後まで諦めない、粘り強い、努力家、好奇心が旺盛である

・自分の「強み」を考える時は、学生生活での経験を思い出すとよい。なぜそれを「強み」と考えるのかが相手に伝わるように、具体的な例を用意する。

問題2

① b ➡長所：しっかりと自分の考えを持っている ↔ 短所：頑固

② a ➡長所：慎重 ↔ 短所：心配性

③ e ➡長所：おおらか ↔ 短所：マイペース

④ c ➡長所：決められた時間や規則は必ず守る（規律性がある、真面目）
↔ 短所：真面目すぎる

⑤ d ➡長所：向上心が強い ↔ 短所：負けず嫌い

Step 2

問題 1 聴解

スクリプト 🔊 01

阿部	李さんは卒業したら、どうするの？ 日本で就職？ それとも帰国？	1
李	うーん、親は帰って来いって言うんだけど、私は日本で就職したいと思ってる。	
阿部	そっか、せっかく留学したんだもんね。李さんはどうして日本に留学しようと思ったの？	
李	親戚が日本で仕事をしていて、子供の頃からよく日本の話を聞いたり、日本のお土産をもらったりしていたんだ。それで、日本に興味を持つようになったんだけど、だんだん自分も日本で仕事をしてみたくなって、留学を決めたの。	5
阿部	そうだったんだ。でもさ、どうして自分の国じゃなくて日本で働きたいの？	
李	日本には質の高い日用品が多いでしょう？ 洗剤とかティッシュとか。そういう商品をぜひ中国の人たちにも紹介したいと思って。それで、生活用品を扱う専門商社で働きたいって思ってるんだ。それに、自分の語学力も生かしたいしね。	10
阿部	しっかり考えていてすごいなあ。じゃあ、日本でずっと仕事を続けるの？	
李	就職できたらだけどね。5年でも10年でも、できるだけ長く日本で仕事をしたいと思ってる。もしかしたら、その頃には、また新しい目標ができているかもしれないけどね。阿部くんは就職、どうするの？	15
阿部	僕も来週からインターンシップに行くんだけど、李さんみたいにもう少し先のことまで考えないといけないなあ。	

① b ➡️親戚が日本で仕事をしていて、子供の頃からよく日本の話を聞いたりお土産をもらったりしていたため、日本に興味を持つようになったと話しているから。（スクリプト5〜6行目）

② a ➡️親戚の話を聞いたり日本のお土産をもらったりしているうちに、だんだん自分も日本で仕事をしてみたくなって、留学を決めたと話しているから。（5〜7行目）

③ b ➡️洗剤やティッシュといった日本の日用品を中国の人たちにも紹介したいと話しているから。（9〜10行目）

④ c ➡️生活用品を扱う専門商社で働きたいと話しているから。（10〜11行目）

⑤ c ➡️5年でも10年でも、できるだけ長く日本で仕事をしたいと話しているから。（14〜15行目）

問題2 聴読解

スクリプト 🔊02

| 先輩 | あ、劉くん、久しぶり。就職活動はどう？ | 1 |

劉　お久しぶりです。今、自分史を作って、自己分析をしているんですが……。

先輩　自分史か。見てもいい？　……へえ、中学の時に日本の漫画を読んだんだね。何読んだの？

劉　『ワンピース』です。その時から日本に興味を持ち始めて。　5

先輩　そうなんだ。『ワンピース』、おもしろいよね。劉くんは走ることも子供の頃から好きだったんだね。

劉　はい。陸上ばかりやってきたのですが、去年、けがをして試合に出られなくなってしまって。それで選手ではなくマネージャーになったので、アピールできることもなくて……。　10

先輩　でも、マネージャーとして、タイムがよくない部員を励ましてくれたり、走っている時のフォームが確認できるようにビデオを撮ってくれたりしたでしょう？　みんな、本当に助かっていたよ。劉くんは、マネージャーの仕事は意味がなかったと思ってるのかなあ？

劉　そういうわけではありませんが……。　15

先輩　それなら、劉くんは十分頑張っていたんだから、ここに書いたほうがいいと思うよ。自信持って。

劉　ありがとうございます。先輩に話を聞いてもらってよかったです。少し自信が持てるようになりました。さっそく書き加えます。

Q1 中学生の時

   ➡️『ワンピース』を読んで日本に興味を持ったと先輩に話しているから。（スクリプト5行目）

Q2 けがで陸上の試合に出られなくなったため。

   ➡️去年、けがをして試合に出られなくなったため選手ではなくマネージャーになったと話

     しているから。（8～9行目）

Q3 （解答例）陸上部のマネージャーとして部員のサポートに努めた。

   ➡️先輩に評価されたことで、自分がマネージャーとしての活動を頑張っていたことに気づ

     いた。11～17行目でそのことを具体的に言っている。

 劉さんはけがのために競技を諦めてマネージャーになったので、マネージャーの仕事をあまり肯定的に考えていなかった。しかし、陸上部の先輩から部員のサポートに力を入れていたことを評価され、「頑張ったこと」としてとらえられるようになった。このように、自分では肯定的に考えていなかったことでも、ほかの人から評価される場合もある。自己分析がうまくいかない時は、家族や友人、先生など、身近な人に意見を聞くのも有効だ。

Step 3

問題1 省略

 現在、過去、将来の自分のことを考え、整理したことで、自分がどんな人間か、そして、どんな人生にしたいと考えているか理解できたら、次は、自分の強みや専門がどんな仕事に生かせそうか、興味のある分野にはどんな仕事があるかなどを考えよう。また、自己分析の結果は、エントリーシートや面接で自分を具体的にアピールする時の材料になるので、活用しよう。

2 仕事を決めよう！（業界・職種・企業・在留資格研究）

Step 1

問題1

①e　②g　③d　④c　⑤b　⑥a　⑦f

問題2

①c　②e　③f　④b　⑤g　⑥a　⑦d

Step 2

問題1 聴読解

スクリプト 🔊03

林　タパさん、どんな仕事をするかもう決めた？　　　　　　　　　　　　　　　　　　　　1

タパ　うーん。新しい商品の企画とか開発とかしたいと思っているけど……。

林　そうなんだ。何か作りたい商品があるの？　企画とか開発とかいっても、業
　　界によっても違うんじゃない？

タパ　確かにそうだね。僕がやりたいのは男性用コスメの商品開発かな。男性用コ　　5
　　スメはこれからもっと売れると思うんだ。林さんはもう決まっているの？

林　まだ決まっていないんだけど、理工学部のシステム工学科だから通信関連の会
　　社で専門を生かせるシステムエンジニアの仕事がしたいかな。

Q1　男性用コスメ
　➡「僕がやりたいのは男性用コスメ（＝化粧品）の商品開発かな」（スクリプト5行目）と言っ
　　ているから。

Q2　理工学部のシステム工学科の専門を生かせる仕事がしたいから。
　➡「通信関連の会社で専門を生かせるシステムエンジニアの仕事がしたいかな」（7〜8行目）
　　と言っているから。

Q3　タパさん　<u>メーカー（製造）</u>の化粧品
　　林さん　　<u>ソフトウェア・通信</u>の通信

Q1 食用油、加工食品

Q2 （解答例）北京に支店があるから。

Q3 2回 ➡ 面接（一次→最終）とあるから。

Q4 d ➡ 賞与とは、毎月もらう給料とは別に支払われる特別なお金のことで、ボーナスとも
　　　　呼ばれる。

Q5 医療保険 ➡ 病気やけがで病院に行った場合、自分で払う医療費が1割～3割で済む。
　　年金保険 ➡ 若い時から保険料を払うことで、65歳から年金がもらえ、老後の生活を支える。
　　介護保険 ➡ 40歳から保険料を払うことで、介護が必要になった場合に1割～3割の負担
　　　　　　　　でサービスが受けられる。
　　雇用保険 ➡ 失業した時にお金がもらえたり、職業訓練が安く受けられたりする。
　　労災保険 ➡ 勤務中や通勤中に病気になったり、けがをしたりした場合、お金がもらえる。

問題3 聴解

スクリプト 🔊 04

ボラン　ファムさん、もうエントリーした？　　　　　　　　　　　　　　　　　　　　　1

ファム　まだなんだ。自己分析しているうちに、自分にどんな仕事が合うのか分から
　　　　なくなっちゃって。

ボラン　ファムさんは正確に仕事をすることが得意でしょう？　資料を作るのも
　　　　上手だから、事務系の仕事がいいんじゃない？　　　　　　　　　　　　　　　　5

ファム　そう？　ま、数字にはまあまあ強いし、簿記の資格を持っているから、会計と
　　　　か経理を考えてみようかな……。せっかく日本で働くなら、安定した仕事を
　　　　長く続けたいな。それに土日祝日は休みのところがいい。ボランさんは？

ボラン　私はIT系の資格をとったし、プログラミングが専門だからその知識を生か
　　　　したいんだ。　　　　　　　　　　　　　　　　　　　　　　　　　　　　　　10

ファム　ああ、プログラマーとか？

ボラン　そうそう。プログラマーが第一希望だな。

Q1

	性格・能力	職種
ボランさん	b	c
ファムさん	a	d

➡ ボランさんは「私はIT系の資格をとったし、プログラミングが専門だからその知識を生かしたいんだ」(スクリプト9〜10行目)と言っているから、性格・能力は、b「IT関係が得意。プログラミングが専門」。職種はc「プログラマー」。

➡ ファムさんは「正確に仕事をすることが得意でしょう?」(4行目)とボランさんに言われている。「数字にはまあまあ強いし、簿記の資格を持っているから、会計とか経理を考えてみようかな」(6〜7行目)と言っているから、性格・能力は、a「仕事が正確。数字に強い」。職種はd「会計や経理」。

Q2　ボランさん　a　➡ 職種は「プログラマーが第一希望」(12行目)と言っている。プログラミングの仕事を募集しているのは「ABCシステム」だけ。

　　　ファムさん　d　➡ 職種は「会計とか経理」(6〜7行目)と言っている。b「ナミキ有限会社」も経理を募集しているが、ファムさんは「せっかく日本で働くなら、安定した仕事を長く続けたいな」(7〜8行目)と言っているのでパート労働者より正社員のほうがいいだろう。また、「土日祝日は休みのところがいい」(8行目)と言っているが、ナミキ有限会社の休日は土日祝日ではない。

問題4

Q1　機械工学などの技術者、通訳、デザイナー、語学教師、マーケティング業務など。

Q2　特定活動 (46号)、特定技能、特定活動 (継続就職活動)、特定活動 (就職内定者)
　　※2023年12月現在

Step 3

問題1　省略

問題2　省略

3 OB・OG訪問をしよう！

問題 1 （解答例）

大学、専門学校で	・キャリアセンター（就職課）でOB・OG名簿を見せてもらう。 ・ゼミ、研究室、サークル・部活で紹介してもらう。
ウェブサイトで	・逆求人サイトのメッセージで頼む。 ・OB・OG訪問用のウェブサービスを使う。 ・就活エージェントに紹介してもらう。 ・企業のホームページで人事部の連絡先を調べて問い合わせる。
SNSで	・メッセンジャー機能を使って連絡する。 ・マッチングができるアプリを使う。

問題 2

① ○ ➡OB・OGがその企業で働いているからこそ分かる実際の企業の様子を、訪問によって知ることができる。

② ○ ➡OB・OGに話を聞くと、その業界が自分に合っているか判断しやすくなる。

③ × ➡公開されていない機密情報は、社外の人に話してはいけないことなので、先輩と親しくても聞き出してはいけない。

④ ○ ➡OB・OGにどんな就活を行ったかを聞くと、就活の全体像や流れをつかむことができる。

⑤ ○ ➡OB・OGに職場の話を聞くと、自分の志望動機を具体的に考えやすくなる。

⑥ ○ ➡将来のことを具体的にイメージするのは難しいので、先輩の話を聞いて自分が就職した後のことを考えてみるとよい。

⑦ × ➡インターネットで調べれば分かることはOB・OGに聞くのではなく、自分で調べるべきこと。OB・OG訪問は、インターネットや説明会では知ることができない情報を集めるのが一番の目的である。

💡 OB・OG訪問の目的はいろいろあり、行く時期や相手との関係性によっても変わる。自分の目的は何か、事前によく考えておくとよい。

Step 2

問題1 （②以下解答例）

① 株式会社　➡企業の名前を略してはいけない。

② 初めてメールをお送りいたします。

　　➡初めてのメールでは「お世話になっております」は使えない。

③ OG訪問のお願いで、ご連絡いたしました。

　　➡「OG訪問がしたい」は自分勝手な言い方で先輩に失礼だと思われる可能性がある。先輩に
　　お願いしなければならない。

④ ご都合のよい日時と場所をお知らせいただければ幸いです。

　　➡「都合」は尊敬語にして「ご都合」にする。「日にちと時間」は「日時」というフォーマルな言
　　葉に変える。また「お願いします」だけではよく分からないので、「お知らせいただければ
　　幸いです」に変える。

⑤ よろしくお願いいたします。

　　➡「よろしく」だけだと失礼である。文は省略しないで書くこと。

💡 メールを書く時に注意すること

・文が長くなりすぎないよう、1文を60字未満にする。
・件名は具体的に分かりやすく書く。
・送る前に宛先、企業名、部署名、氏名、字などの間違いがないか見直す。
・企業の営業時間内に送る。

問題2

Q1 企業について：c、e
　　先輩の仕事について：a、d、g
　　先輩の就活について：b、f、h

問題3

① ×　➡どこで会う場合でも、スーツを着ていかなければならない。

② ×　➡名刺をもらったら、テーブルの左側に名刺入れを置き、訪問が終わるまでその上に名
　　　刺を置いておく。

③ ×　➡先輩と会っている時に名刺に何か書いてはいけない。大切に扱うこと。

④ ○　➡受け取る時は相手の名前を指で隠さないようにして、両手で名刺の端を持つ。

⑤ ○　➡相手にできるだけ負担をかけずスムーズに話ができるように準備をしておく。

⑥ ×　➡お礼のメールは先輩に会った当日に送らなければならない。

問題1

> 差出人：（自分のメールアドレス）
> 宛先：gijutsu-aoki5678@akasa.co.jp
> 件名：OB訪問のお願い　（大学名と氏名）

【宛名】
株式会社あかさシステム
技術部　青木太郎様

【挨拶】
初めてメールをお送りいたします。

【自己紹介】
（大学名　学部名　学科名　氏名）と申します。

【本題】
大学のキャリアセンターから青木様を紹介してもらい、
OB訪問のお願いで、ご連絡いたしました。
お忙しいとは存じますが、お話を伺う機会をいただけませんでしょうか。
もしお受けいただけるなら、青木様のご都合のよい日時と場所をお知ら
せいただければ幸いです。

【終わりの挨拶】
どうぞよろしくお願いいたします。

【署名】
（大学名　学部名　学科名）
（氏名）
携帯電話：（携帯の電話番号）
メール：（自分のメールアドレス）

問題2　省略

 OB・OG訪問の際、先輩に仕事が入って途中で終わってしまうこともあるので、どうしても聞きたいことは最初のほうで聞くといい。

問題3

① c ② e ③ a ④ d ⑤ b

お礼のメールを書く時に注意すること

・できる限りその日のうちに送る。

・その会社に入りたいという気持ちを伝えるため、お礼を言うだけではなく、OB・OG訪問の感想や採用試験を受けたいという気持ちを伝えるのもよい。

Step **1**

問題1

① に（喜びを感じました）　➡ ＝うれしかったです

② に（関心を持った）　➡ ＝興味を持った

③ を（生かして）　➡知識を生かして＝持っている知識をうまく使って

④ に も（貢献したい）　➡ ＝あることや社会の役に立てるよう努力したい

⑤ に（感銘を受けました）
　　➡ ＝他人の考えや気持ちに「そのとおりだ。素晴らしい」と思いました

⑥ を（こころがけよう／こころがけたい）　➡ ＝することを忘れないよう気をつけたい

問題2

① d ➡必要なところにお金を貸すことで、社会の経済を支え発展させる業界で仕事がしたいと書いてあるので、志望しているのが金融業界だと分かる。

② b ➡貴社の店舗では多くの外国人が買い物をしていると書いてあるので、志望しているのが小売業界だと分かる。

③ a ➡建設工事で使う重機の開発に関わりたいと書いてあるので、志望しているのが製造業界だと分かる。

④ c ➡貿易に興味があると書いてあるので、志望しているのが商社業界だと分かる。

⑤ g ➡私の母国である中国向けに貴社が制作した広告を見て心を動かされたと書いてあるので、志望しているのが広告・出版・マスコミ業界だと分かる。

⑥ f ➡通信機器に入れる通信アプリケーションを開発したいと書いてあるので、志望しているのがソフトウェア・通信業界だと分かる。

⑦ e ➡ホテルでお客様が楽しく過ごせるようなサービスを考えたいと書いてあるので、志望しているのがサービス・インフラ業界だと分かる。

問題3

① × ➡数年後に起業することを書くと、企業は、自分の会社で長く働くつもりがないと思うので書かないほうがいい。ただし、これらの希望を積極的に知りたいと考える企業もある。書く内容は応募する企業ごとに見直すようにする。

② ○ ➡学生時代の経験を志望動機に入れて書くと、説得力が増して相手に伝わりやすい。

③ ○ ➡入社後にやりたい仕事を具体的に書くと、その企業についての理解度や、入社したいという熱意を示せる。

④ ○

⑤ ○

⑥ ○ ➡その企業での将来のキャリアプランを書くと、その企業に長く勤めたいと思っていることが伝わりやすい。その企業に無関係なプランは書いてはいけない。

⑦ × ➡社員に長く勤めてほしいと思っている企業が多いので、帰国する時期は言わないほうがいい。ただし、企業によってはそのような希望を積極的に知りたいという方針を持っている場合もあるので、よく調べること。

⑧ ○ ➡専門知識や資格を書くことで、自分の能力を具体的にアピールできる。仕事に役立つ資格を取っておくといい。

⑨ ○ ➡説明会やインターンシップを通して感じたことを書くと、その企業への理解が深まったことや、入社したいという気持ちが相手に伝わる。

Step 2

問題1

① ○

② × ➡自分がやりたいことのために企業で勉強したいと言っていて、自分勝手だと思われる可能性が高い。

③ × ➡給料や、勤務地などの待遇にしか興味がないと企業に思われる。志望動機を書く際は、自分のメリットではなく、企業で自分がどう貢献できるかなど、企業が応募者に魅力を感じることを書かなければならない。

④ ○

問題2 読解

Q1 子供の頃から人々の生活を楽しく便利にする自動車に関わる仕事がしたいと思っているから。
➡「子供の頃から人々の生活を楽しく便利にする自動車に関わる仕事がしたいと思っており、自動車製造業界を志望しました」(本文1〜2行目)と書いてあるから。

Q2 d ➡「優れた貴社の車を母国でも販売したいと思ったからです」(2〜3行目)と書いてあるから。

Q3 b ➡「貴社に関心を持った(＝興味を持った)きっかけは、ショールームで実際に貴社の車に乗ってみて、その素晴らしさに触れたことです」(4〜5行目)と書いてあるから。

Q4 ① 機能 ② デザイン ③ 色
➡「機能はもちろん、デザイン、色なども非常に魅力的だと感じました」(5〜6行目)と書いてあるから。

Q5 タイと日本の両国の文化を知っているから。
➡「タイと日本の両国の文化を知る私だからこそできることを生かして貴社に貢献したいと考え」(9〜10行目)と書いてあるから。

スクリプト 🔊 05

王 <small>ワン</small>	先日面会のお約束をいたしました王ですが、お時間大丈夫でしょうか。	1
先生 <small>せんせい</small>	ああ、王さん、待ってましたよ。どうぞ。どうしましたか。	
王 <small>ワン</small>	実は、今エントリーシートの志望動機を書いているんですが、ご相談したいことがありまして……。	
先生 <small>せんせい</small>	いいですよ。何ですか。	5
王 <small>ワン</small>	私は東京旅行という旅行会社のカウンター業務に応募しようと思っているんですが、アルバイトでスタッフリーダーになった経験を生かしたいと書くつもりなんです。でも、アルバイト先がコンビニで、旅行会社と関係ないので、どう書けばいいのか分からなくて……。	
先生 <small>せんせい</small>	なるほど。王さんはコンビニのアルバイトの時に何か力を入れたことがありますか。	10
王 <small>ワン</small>	そうですね。始めた時はお客様とうまく話せなくて、よく店長から怒られました。その時はできない自分がくやしくて……。	
先生 <small>せんせい</small>	それで、何かしたんですか。	
王 <small>ワン</small>	大きい声で挨拶をする、お客様の目を見て話すなど具体的な目標を立てて、それを行うようにしました。そのうちにお客様と季節の挨拶や新商品の話ができるようになって、コミュニケーションが楽しくなりました。	15
先生 <small>せんせい</small>	それはがんばりましたね。それでスタッフリーダーというのは？	
王 <small>ワン</small>	スタッフリーダーは、新人に接客のしかたを教えたり、お客様のニーズに合わせて品物を注文したり、商品の並べ方を変えたりと責任の重い仕事をします。	20
先生 <small>せんせい</small>	それはすごいですね。以前は苦手だった接客のしかたを新人に教えているんですね。	
王 <small>ワン</small>	はい。	
先生 <small>せんせい</small>	応募先が旅行会社ということで業界は違いますが、旅行会社のカウンター業務でもコンビニでも接客は大事ですよね。具体的な目標を決めたこと、努力して苦手だった接客が楽しくなったこと、その結果スタッフリーダーを任されて接客を新人に教えていることなどをまとめれば、志望動機に書けますよ。	25
王 <small>ワン</small>	分かりました。ありがとうございました。	

Q1　b　➡「夜一人で仕事をする」とは言っていない。

Q2　c　➡「新人に接客のしかたを教えたり、お客様のニーズに合わせて品物を注文したり、商品の並べ方を変えたりと責任の重い仕事をします」（スクリプト19〜20行目）と言っている。スタッフリーダーになってから責任が重い仕事を任されるようになった。

Q3　a　➡アルバイトでうまくお客さんと話せなかった時、どんな努力をしたか具体的に書いてある。その後、努力を続けスタッフリーダーになって責任の重い仕事もするようになったと例をあげて説明している。またその経験から接客業の楽しさを知ったこと、経験を生かして企業に貢献したいとアピールしている。

Q4　b.　自分でコンビニかスーパーを経営するのが夢なので、貴社のカウンター業務をすることで接客のやり方を学んで、自分の将来のために経験を積みたいと思っています。
　　　➡自分のためにこの企業に就職したいと書いていて、企業に自分がどう貢献できるか書いていない。自分勝手な印象を企業の面接官に与えるのでよくない。

　　　c.　アルバイトをしていた時と同じように仕事ができれば、貴社での仕事を続けていくことができると思います。
　　　➡一般的に、アルバイトより正社員の仕事のほうが責任のある仕事だと考えられる。そのため「アルバイトをしていた時と同じように」という表現は、志望する正社員の仕事を簡単に考えているような印象を与えるので書かないほうがよい。

Step 3

問題1　省略

5 エントリーシート・履歴書を書こう！

問題1

① ○　➡丁寧体（〜です／〜ます）で書き始めたら、すべて丁寧体で書く。普通体（〜だ／〜である）で書き始めたら、すべて普通体で書く。

② ×　➡書くことがすぐに見つからない場合でも、空欄にしてはいけない。

③ ○　➡エントリーシート・履歴書は自分の言葉で書く。ほかの人が書いた文をそのまま使ってはいけない。

④ ×　➡採用担当者に働きたい思いを十分に伝えるためには、その会社に合ったエントリーシート・履歴書を作成することが大事である。

⑤ ○　➡履歴書を送る時は白色の封筒を選ぶようにする。茶色の封筒は使わないほうがいい。

⑥ ×　➡会社の雰囲気に関係なく、履歴書の写真はスーツを着て撮る。

⑦ ○　➡写真がはがれてしまっても誰のものか分かるように、写真の裏には名前・大学名・学部名を書く。

⑧ ×　➡黒のボールペンで書いたほうがよい。「黒または青色の筆記用具で書く」と書かれているものもあるが、実際には黒のボールペンで書くことが一般的。

⑨ ×　➡消せるボールペンは文字が消えてしまうことがあるため、使わない。

⑩ ×　➡間違えた場合は修正液や修正テープを使わないで、最初から書き直す。

問題2

① g　➡①②は本冊のP.39で鈴木さんが説明している。

② h

③ e　➡郵送する場合は応募書類だけではなく、送付状も封筒に入れて、ほかの書類と一緒に送るのが普通。「だれが、何を、どんな目的で送ってきたのか」がすぐに分かるようにする必要がある。

④ c　➡職務経歴書は、どんな仕事をした経験があるのか、その内容とスキルを確認するための書類。仕事をした経験がなければ、提出する必要はない。アルバイトしかしたことがない場合も、職務経歴書の提出は不要である。

⑤ a　➡「あなたの会社」は、話す時は「御社」、書類などに書く時は「貴社」を使う。bの「弊社」は「私の会社」を意味する言葉。

⑥ d、k（k、d）　➡応募書類は、言葉を短くした「略語」や友達との会話で使うような「話し言葉」で書かないように気をつける。

問題3

① アルバイト　② 学園祭　③ 見られる　④ いかなければなりません

⑤ そのため　力を入れています

➡ 略語（例：アルバイト→バイト／学園祭→学祭）、ら抜き言葉（例：見られる→見れる）、縮約形（例：いかなければ→いかなきゃ／力を入れている→力を入れてる）など、話し言葉を書類に書かないようにする。

Step 2

問題1　聴読解

スクリプト　🔊06

グエン	先生、今お時間よろしいでしょうか。会社に提出する履歴書を書いたので、見ていただきたいのですが。
先生	いいですよ、見せてください。……グエンさんは「ナーシク」というレストランへの就職を希望しているんですね。どうしてレストランで働きたいと思ったんですか。
グエン	私は日本に来たばかりの頃、日本語が上手なクラスメートと自分を比べてしまって、自信をなくしていたんです。そんな時に食べた「ナーシク」のカレーライスがびっくりするほどおいしくて、いつの間にか悩んでいたことも忘れてしまいました。その後、「ナーシク」に何度も行くようになって、去年、インターンシップも経験させていただきました。「ナーシク」の味をベトナムに紹介するために、可能であれば海外事業部で働きたいと思っています。
先生	なるほど、会社に入って何をしたいかが具体的に書かれているのはいいですね。……あれ、でもここは書かなければいけませんね。全部しっかり書かなければ、グエンさんの気持ちが採用担当者に伝わりませんよ。
グエン	でも、先生。私には履歴書に書けるような特技がないんですよ。趣味は漫画を読んだり、料理を作ったりすることぐらいですし。
先生	グエンさんはどうして漫画に興味を持ったんですか。
グエン	日本の食べ物が好きだったので、グルメ漫画を読み始めたんです。日本の漫画は丁寧に描かれているし、話もおもしろいのでいろいろ読むようになりました。今は漫画に出てきた料理をアレンジしたメニューをSNSで発信しています。
先生	いいじゃないですか。グエンさん、それをここに書けばいいんですよ。

Q1　a　➡先生が「会社に入って何をしたいかが具体的に書かれているのはいいですね」(スクリプト12〜13行目)と言っている。

Q2　e　➡何も書かないと、入社したい気持ちが弱いと思われたり、書類をきちんと書けない人だと判断されたりする可能性がある。また、趣味・特技を見て、どんな人物か、その企業に合う人かどうかの参考にされることもある。なお、本人希望記入欄にはどうしても企業に知っておいてほしいことを書く。給料・福利厚生に対する希望や、特別な理由がないのに勤務地の希望を書いたりすることは避ける。

Q3　(解答例)

> 趣味・特技
> グルメ漫画を読むこと。
> 漫画で紹介された料理をアレンジして新しい料理を考え、SNSで発信すること。

➡「日本の食べ物が好きだったので、グルメ漫画を読み始めたんです。日本の漫画は丁寧に描かれているし、話もおもしろいのでいろいろ読むようになりました。今は漫画に出てきた料理をアレンジしたメニューをSNSで発信しています」(18〜21行目)と言っているところをまとめる。

問題2　読解

Q1　b　➡「ゼミ・研究室」の欄に「『企業と環境の問題』について研究しています」と書かれている。

Q2　a　➡「自己PR」の欄に「私の強みは、相手のことを考えて行動できるところです」と書かれている。

Q3　ボランティア(活動)
　　➡「学生生活の中で最も力を入れたこと」の欄に台風の被害を受けた九州でボランティアに参加していることが書かれている。

問題3　聴読解

スクリプト 🔊07

先輩　タパさん、就職活動はどう？　　　　　　　　　　　　　　　　　　　　1

タパ　先週合同説明会に行ったんですが、私の専攻が生かせそうな会社があったので、入社試験を受けることにしました。それで、あさってまでにエントリーシートと履歴書を郵送しなければならないんですが、封筒の書き方が正しいか見ていただけませんか。　　　　　　　　　　　　　　　　　　　　　　　　　5

先輩　いいよ。……あれ？　タパさん、この四角で囲んである部分は全部赤で書かなくちゃ。

タパ　そうなんですか。

先輩　うん、目立つようにね。株式会社も省略せずに書いてね。

タパ　はい。　　　　　　　　　　　　　　　　　　　　　　　　　　　　　　　10

先輩　それから、個人に送るんじゃないから、ここは「御中」ね。「人事部」のような企業の部署に送る時は「様」は使わないんだよ。

タパ　分かりました。あの、裏はどうでしょうか。

先輩　えっと、……自分の情報に学科を書き忘れてるね。あと、自分の住所も東京都から書いたほうがいいよ。　　　　　　　　　　　　　　　　　　　　　　　15

タパ　ありがとうございます。心配なので、応募書類も確認していただけませんか。

先輩　うん、いいよ。……ん？　タパさん、送付状が入っていないよ。

タパ　えっ？　送付状って何ですか。

先輩　送付状っていうのは、応募書類を送る時に一緒に入れる手紙だよ。私が作ったフォーマットがあるから、あげるよ。　　　　　　　　　　　　　　　　　　20

Q1

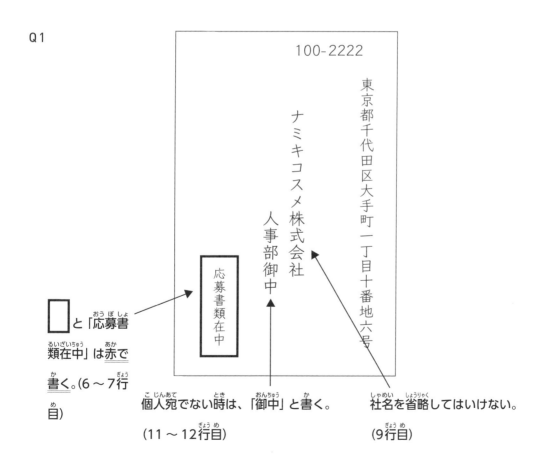

□と「応募書類在中」は赤で書く。(6～7行目)

個人宛でない時は、「御中」と書く。(11～12行目)

社名を省略してはいけない。(9行目)

Q2 d ➡先輩がタパさんに学科を書き忘れていることと住所が東京都から書かれていないこと
を注意している。(スクリプト14〜15行目)

Q3 c ➡郵送する場合は応募書類だけではなく、「だれが、何を、どんな目的で送ってきたの
か」がすぐに分かるように送付状も封筒に入れる。

Step 3

問題1 省略 ➡ Step 2 の **問題1** の履歴書を参考にする。

💡氏名、現住所のふりがなは「ふりがな」と書いてある場合はひらがなで、「フリガナ」と書
いてある場合はカタカナで書く。また、企業が連絡する時、現住所に書いてある住所、電
話番号、メールアドレス以外に連絡する必要がなければ、緊急連絡先には「同上」と書く。
「同上」は、上に書いてあることと同じという意味。

問題2 省略 ➡ Step 2 の **問題2** のエントリーシートを参考にする。

問題3

Q1、Q2、Q3 省略

Q4 ① 様
➡企業宛て、部署宛ての場合は「ナミキコスメ株式会社御中」、「人事部御中」のように
「御中」を使うが、この問題の場合は、「担当者」という個人に送るので、「新卒採用ご
担当者様」とする。

② 応募書類 ➡どんな目的で書類を送るのかがすぐに分かるタイトルを中央に書く。

③ 拝啓
➡ビジネスレターは「拝啓」で始め、「敬具」で終える。「拝啓」には「謹んで申し上げる」、
「敬具」には「敬意を表して申し述べた」という意味がある。

④ 記 ➡中央に「記」と書く。

⑤ エントリーシート　1通　(履歴書　1通)

⑥ 履歴書　　　　　　1通　(エントリーシート　1通)
➡「記」の下にどんな書類を何通送るのかを書く。

⑦ 以上 ➡最後に「以上」と書く。「以上」は紙の右側に寄せて書く。

💡面接の時、面接官はエントリーシートや履歴書を見ながら面接することが多いので、提出
前に必ずコピーを取っておき、面接の前に見直すようにする。

6 インターンシップに参加しよう！

Step 1

問題1

① ×　❱インターンシップは期間が短いものも長いものもある。

② ○　❱人気がある会社のインターンシップは選考が厳しく、参加するのも大変なことが多いので、準備が必要である。選考がない場合もあるが、参加人数は決められていることが多いため、早く申し込んだほうがいい。

③ ×　❱長期のインターンシップの場合、給料が出ることもあるが、一般的には出ない。

④ ○　❱採用に関係することもあるが、必ず内定がもらえるわけではない。

問題2　（解答例）

大学、専門学校で	・キャリアセンター（就職課）に行って、情報を集める。 ❱大学や専門学校が実施したり、紹介したりするインターンシップもある。また、先輩たちのインターンシップの体験記をまとめていることもある。
ウェブサイトで	・「マイナビ」や「リクナビ」などの就職情報サイト ❱就職情報サイトでは、たくさんのインターンシップを紹介している（登録が必要な場合もある）。 ・企業のウェブサイトで調べる。 ❱インターンシップを募集していることもあるので、志望企業が決まっている場合はウェブサイトを確認する。
その他	・大学、専門学校やアルバイト先の先輩、同じ国の先輩などに話を聞く。

問題1 聴解

スクリプト 🔊08

　インターンシップというのは、学生が企業で仕事の体験をすることができる機会　1
です。実際の仕事体験のほかに、社員による講義、職場見学、プロジェクトワーク
などが行われることもあります。

　仕事体験では、社員に教えてもらいながら実際の仕事の一部を担当し、事務作業
や商談、接客のしかたなどを学びます。講義では、会議室などで社員から業界や仕　5
事内容についての説明を受けます。職場見学では、社員の仕事を見学したり、店や
工場の見学に行ったりします。プロジェクトワークでは、実際の仕事に関係する課
題が与えられ、それに対する解決方法をグループで考え、プレゼンテーションを行
います。

　インターンシップでは、実際の職場の様子が分かり、社員と話をする機会もある　10
ため、就職活動に非常に役立ちます。ぜひ積極的に参加してください。

① b、e　② a　③ d、f　④ c

問題2 読解

① c　➡取引先を訪問している様子が見られるのは、営業に同行したトヨサン自動車販売のイン
　　　ターンシップだけである。

② d　➡「専門的なITの知識がないので心配だった」と書かれているので、渋谷ソフトのイン
　　　ターンシップである。

③ b　➡「金融の仕事」とあるので、ノダ証券だと分かる。ノダ証券では「社員との交流会」が
　　　あるので、いろいろな人の話を聞ける可能性が高い。

④ a　➡売り場に立ったと書かれているので、販売チャレンジをしたヤオスーパーのインターン
　　　シップである。

Step 3

問題1 省略

問題2

Q1 ① 今日→本日　　言います→申します　　担当→ご担当　　佐藤さん→佐藤様
　　約束→お約束　　います→おります　　取り次ぎ→お取り次ぎ

② 今日→本日　　言います→申します　　皆さん→皆様

　　聞く→お聞きする／お伺いする／伺う

　　思います→存じます　　お願いします→お願いいたします

　　➡「お伺いする」は二重敬語だが、この形でよく使われるので覚えておくといい。

③ もらいます→頂戴します

④ 仕事→お仕事　　いい→よろしい　　教えてもらいたい→教えていただきたい

⑤ 行ってきます→行ってまいります

⑥ 今→ただいま

⑦ です→でございます　　います→おります

　　ちょっと待ってください→少々お待ちください

⑧ すみません→申し訳ございません　　山本部長→山本　　今→ただいま

　　います→おります　　電話させてもらいます→お電話させていただきます

　　いい→よろしい　　そちら→そちら様　　電話番号→お電話番号

　　➡社外の人と話している時は、「山本部長」ではなく「山本」と呼ぶ。

⑨ 分かりました→承知いたしました／承知しました／かしこまりました

　　➡「了解しました」と言う人もいるが、敬語ではないので上司や社外の人には使わない

　　ほうがいい。

💡 会社でよく使われる言葉とフレーズが分からない人は、本冊の最後 (P.82～84) にリストがあるので、確認すること。

問題3 省略

💡「社会人基礎力」は、2006年に経済産業省が「職場や地域社会でいろいろな人たちと仕事をしていくために必要な基礎的な力」として示したものである。インターンシップに行く前、そして行った後に、自分でチェックをしてみよう。

7 会社説明会に参加しよう！

Step 1

問題1

① c

 「それぞれの企業が行う説明会」は、1社だけで行う説明会で、参加できる人数が決まっていることが多い。事業内容、職種、社員の働き方など具体的な説明が聞けるため、その会社を詳しく知ることができる。社内で行われることが多いので、会社の雰囲気を知るチャンスでもある。企業によっては、説明会への参加がエントリーの条件になっている場合もある。

② b

 「合同説明会」は、多くの企業が一つの会場に集まり、ブースに分かれて会社説明会を行うイベントである。ブースに来た学生に、どんな会社なのかを説明したり、パンフレットを配ったりする。セミナー形式の説明会もある。今まで知らなかった業界や企業を知ることができたり、企業の方と直接話せたりすることが「合同説明会」のメリットである。

③ a

 「学内説明会」は、その専門学校や大学に通う学生のために行われ、OB・OGに会える、OB・OGが活躍する企業の説明を聞くことができる、などのメリットがある。参加企業はその専門学校や大学に興味を持っていると考えられるため、採用しようという意欲が高いと言える。専門学校や大学で行われるので、予約が取りやすかったり、不要だったりするのも便利である。

問題2

① c ➡ 食事会のおかげで、お互いのことが理解できて、いいチームワークが作れていると言っていることから、社内の雰囲気について話していることが分かる。

② d ➡ 採用試験は6月〜9月に行うと言っていることから、採用スケジュールの説明であることが分かる。

③ e ➡「海外営業部」の仕事について説明していることから、具体的な仕事の内容について話していることが分かる。

④ b ➡自ら今何をしたらいいかを考え、実行できる人が必要だと言っていることから、企業が求める人物像について話していることが分かる。

⑤ a ➡社員食堂の朝ごはんは、社員に健康的な生活を送ってもらうためのサービスの一つだと考えられるため、福利厚生についての説明であることが分かる。

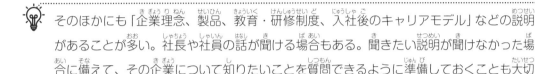

そのほかにも「企業理念、製品、教育・研修制度、入社後のキャリアモデル」などの説明があることが多い。社長や社員の話が聞ける場合もある。聞きたい説明が聞けなかった場合に備えて、その企業について知りたいことを質問できるように準備しておくことも大切である。

Step 2

問題1 読解

① ○ ➡「お申し込みはこちらから」と書かれているため、申し込みが必要。

② × ➡「服装自由」と書いてあるが、なるべくジャケットを着る、革靴を履くなどし、カジュアルになりすぎないように注意する。一般的にはリクルートスーツで参加する人が多い。

③ × ➡「大学院・大学、短大、専門学校などで勉強している外国人留学生」が参加できる。何年生かは関係ない。

④ ○ ➡「多くの会社の説明を聞いて、仕事の内容について話を聞いたり、質問したりしましょう」と書かれている。特に制限がなければ、合同説明会は興味がある会社の説明をすべて聞くことができる。

⑤ × ➡「入退場自由」と書かれているので、13時から17時であれば、何時に行ってもいいし、何時に帰ってもいい。

⑥ ○ ➡「外国人の採用を考えている会社の採用担当者と話すチャンスです」と書かれているので、参加するのは外国人を採用したいと考えている会社。

⑦ ○ ➡「入場無料」と書かれている。

⑧ × ➡「大学院・大学、短大、専門学校などで勉強している外国人留学生」が対象なので、卒業した人は申し込めない。

スクリプト 🔊 10

担当者	六井リゾート人事部人事課でございます。	1
劉	①お忙しいところ、申し訳ありません。	
	私、本日10時からの会社説明会に申し込んでおります、平成大学政経学部	
	経済学科の劉浩宇と申します。	
担当者	平成大学の劉さんですね。採用担当の平野と申します。	5
劉	お仕事中、申し訳ありません。②ただ今、お時間よろしいでしょうか。	
担当者	はい、大丈夫ですよ。どうしましたか。	
劉	今新宿駅にいるんですが、事故で電車が遅れていて、そちらに到着するの	
	が10時20分ごろになってしまいそうなんです。	
	③遅刻してしまい大変申し訳ありませんが、その時間からでも説明会に参加	10
	させていただくことは可能でしょうか。	
担当者	分かりました。それでは到着なさったら、受付の電話から人事部にご連絡	
	ください。	
劉	④承知しました。ありがとうございます。	
担当者	それでは、お気をつけていらっしゃってください。	15
劉	⑤はい、ありがとうございます。⑥失礼いたします。	

① お忙しいところ、申し訳ありません
　➡初めて会社に電話する時は「初めてお電話いたします」や「突然のお電話、失礼いたします」
　　などがよく使われるが、「お忙しいところ、申し訳ございません」「お忙しいところ、恐れ入
　　ります」のように初めてかどうかに関係なく使える表現もある。会社に電話をかける時は
　　「こんにちは」は使わない。

② ただ今、お時間よろしいでしょうか
　➡突然話し始めるのではなく、話す時間をもらえるかどうかを最初に確認する。

③ 遅刻してしまい大変申し訳ありませんが
　➡遅刻してしまうことをしっかり謝る。

④ 承知しました
　➡「分かりました」の丁寧な表現である「承知しました」「かしこまりました」を使う。また、遅
　　刻しても参加を許可してもらったり、別の時間や別の日に変更してもらったりした場合は、
　　必ずお礼を言う。

⑤ はい、ありがとうございます
　➡相手が示してくれた気持ちに対して、お礼を言うのがマナー。

⑥ 失礼いたします
　➡「さようなら」ではなく、「失礼いたします」と言って電話を切る。

💡 遅れることが分かったら、できるだけ早く担当者に電話で連絡することが大切である。

問題1 聴読解

スクリプト 🔊11

| 担当者 | それでは、最後に弊社の外国人社員の割合と今後の採用についてお話ししま | 1 |

担当者 それでは、最後に弊社の外国人社員の割合と今後の採用についてお話しします。Aは外国人社員が占める割合、Bは弊社のホテルがあるエリアを表したグラフです。弊社のホテルは日本を含む5か国にあり、大勢のお客様にご利用いただいています。そして、今後3年間で、全社員のうち外国人社員が占める割合を今より10％増やしたいと考えています。世界中の方々をおもてなししたいと考えている学生の皆さんのご応募をお待ちしております。説明は以上です。何かご質問はありますか。　　　　　　5

王 はい。

担当者 はい、どうぞ。

王 令和大学外国語学部日本語学科の王雨桐と申します。外国人社員の占める割　10
合を10％増やすとのことですが、特にどちらの国出身の社員を増やしていきたいとお考えでしょうか。

担当者 世界中からお客さまをお迎えしたいと考えていますので、国籍は問いません。現在中国に2軒、ベトナムに1軒、新しいホテルを建設しています。今後はヨーロッパにも弊社のホテルを造る予定がありますので、そこで活躍し　15
てもらえる人材を採用したいと考えています。

王 分かりました。ありがとうございました。

Q1 35％
➡今後3年間で全体に占める外国人社員の割合を10％増やしたいと言っている（スクリプト4～5行目）。グラフによると、現在の外国人社員の割合は25％なので10％増やすと、外国人社員が占める割合は全体の35％になる。

Q2 中国とベトナム
➡「現在中国に2軒、ベトナムに1軒、新しいホテルを建設しています」（14行目）と言っている。

Q3 26（軒）
➡グラフによると、現在は5か国に23軒のホテルがある。新しくできるのは、3軒なので、全部で26軒になる。

Q4 ヨーロッパ
➡「今後はヨーロッパにも弊社のホテルを造る予定があります」（14～15行目）と言っている。

① ××大学××学部××学科

② ××と申します。

　➡大学名（学部・学科）と名前を言ってから質問する。

③ 省略

　➡質問する時は「〜について伺いたいのですが」をよく使う。

　　（例）海外勤務について伺いたいのですが、入社何年目からそのような機会がありますか。

 質問する時によく使うそのほかの表現

＜説明されたことについて聞きたい時＞

〜とのことですが

（例）今後はヨーロッパにも御社のホテルを造る予定があるとのことですが、具体的にどこの国に建設する計画があるか教えていただけませんか。

＜配られた資料や会社案内などに書いてあることについて聞きたい時＞

〜に、〜とありますが

（例）会社案内に、再来年沖縄に新しいリゾートホテルを建設するとありますが、外国人の採用も考えていらっしゃいますか。

知りたいことを聞くことは大切だが、「残業時間」「休日出勤」「会社を辞める人の割合」などに関する質問は「やる気が感じられない」とか「一番聞きたいことがこのような質問なのか」などと思われてしまう可能性があり、印象がよくないため、しないほうがいい。ホームページで調べれば分かることや説明会で説明があった内容をもう一度繰り返すような質問も避ける。

問題3

① 六井リゾート株式会社

　　人事部　平野のぞみ様

② ××大学××学部××学科の××××と申します。

　　（例）令和大学外国語学部日本語学科の王雨桐と申します。

③ c　➡「ありがとうございました」「感謝しております」と書かれている。

④ a　➡説明会の内容について触れ、印象的だったことが書かれている。

⑤ d　➡入社したい気持ちが強くなったこと、会社が求める人材になれるように努力していき
　　　　たいということが書かれている。

⑥ b　➡「引き続き、どうぞよろしくお願い申し上げます」はその後もお世話になる人への終わ
　　　　りの挨拶としてよく使われる。

⑦ 省略

六井リゾート株式会社

人事部　平野のぞみ様

××大学××学部××学科の××××と申します。

本日は会社説明会に参加させていただき、ありがとうございました。質問にも丁寧に
答えていただき、感謝しております。
説明会では事業内容や採用計画を詳しくご説明いただき、貴社の仕事をより深く知
ることができました。特に世界中からいらっしゃるお客様をおもてなしする方法は
非常に印象的でした。
お話を伺い、貴社に入社したいという気持ちがますます強くなりました。貴社が求
める人材になれるよう、今後も努力していきたいと思っております。

引き続き、どうぞよろしくお願い申し上げます。

💡「自分の名前　→　説明会のお礼　→　説明会の感想・採用試験に向けての気持ち　→
終わりの挨拶」の順に書くといい。その会社に入りたいという気持ちを伝えるため、お礼
を言うだけではなく、説明会の感想や採用試験を受けたいという気持ちも伝える。ただ
し、メール文が長くなりすぎないように気をつける。また、お礼のメールは説明会が終
わったら、できるだけ早く送るようにする。

8 面接を受けよう！

Step 1

問題1（解答例）

① 準備
・会社のホームページや資料、その会社や業界に関連するニュースなどをよく確認する。
・提出したエントリーシートや履歴書の内容をもう一度確認し、質問に答える準備をする。
・会社の場所と行き方を調べ、何かあった時の連絡先（電話番号）をメモしておく。
・筆記用具、提出書類など、忘れ物がないように持ち物の確認をする。

② 服装・身だしなみ
・髪型：清潔感のあるすっきりした髪型、自然な色、長い髪は後ろでまとめる
・顔：派手なめがねは×、自然なメイク、ひげはきれいにそる
・爪：短く切る、派手なマニキュアは×
・スーツ：体に合ったサイズ、色は黒・紺・グレーなど、派手なネクタイは×
・シャツ：白・派手でないもの、アイロンをかける
・靴下・ストッキング：靴下は黒・紺・グレー、ストッキングは肌に近い色
・靴：黒の革靴、きれいに磨いておく、高すぎるヒールは×
・かばん：黒、A4の書類が入る大きさ

問題2
① b ➡ 面接室に入る時は「失礼いたします」と言う。aの「お邪魔いたします」は他人の家に入る時に使うことが多い。

② b ➡ 面接が始まる時は「よろしくお願いいたします」と言う。面接は選考の一部なのでcのように自分の感想を述べることよりも、「お願いします」という気持ちを伝えるべきである。

③ a ➡ いすをすすめられて座る時は「ありがとうございます」または「失礼いたします」と言う。

④ c ➡ 面接が終わった時は「ありがとうございました」とお礼を言う。面接官に「お疲れ様でした」と言うのは失礼である。

⑤ c ➡ 部屋を出る時は、入る時と同じように「失礼いたします」と言う。bの「失礼いたしました」は謝る時に使うことが多い。

面接の時の注意

＜面接前＞

・遅刻をしないよう、面接会場へは15分前までに着くようにする。

・コートは受付に行く前に脱ぎ、裏側を外に向けてたたんで腕にかける。

・受付ではきちんと挨拶をする。

（例）おはようございます。令和大学政経学部の李小鈴と申します。本日は新卒採用の一次面接に伺いました。よろしくお願いいたします。

・受付や面接控室でも行動をチェックされることがあるので、気をつける。

・携帯電話の電源を切っておく。

＜面接中＞

・いすには姿勢よく座る。

・手は膝の上に置く。（男性は手を軽く握り、女性は手を重ねてそろえる。）

・笑顔で、面接官の目を見ながら、はきはき話す。

・友達と話す時に使うカジュアルすぎる言葉やバイト（アルバイト）、テニサー（テニスサークル）などの略語は使わない。

・グループ面接の時は、ほかの人が話している内容もしっかり聞く。（意見を聞かれることもある。）

Step 2

> **問題 1** 聴読解

スクリプト 🔊 12

面接官	さっそくですが、お一人ずつ、簡単に自己紹介をお願いします。では、李さんから。

1

李	はい。令和大学政経学部経済学科4年の李小鈴です。中国の上海から6年前に来日しました。ゼミでは国際経済について学んでおり、主に日本と中国の経済制度を比較、分析しています。大学では留学生会の副会長として、50人の会員をまとめ、様々な活動を企画したり、後輩の相談に乗ったりしています。本日はどうぞよろしくお願いいたします。

5

面接官	ありがとうございました。では、グエンさん、お願いします。
グエン	はい。平成大学国際学部国際学科4年のグエン レ バオと申します。ベトナム出身です。大学では異文化コミュニケーションを専攻しており、卒業論文ではビジネス場面における異文化摩擦の要因について研究しています。

10

解答と解説、聴解・聴読解スクリプト

8 面接を受けよう！ 49

趣味は料理で、料理研究サークルに所属しています。ベトナム料理と日本料理を組み合わせて、新しい料理を作るのが得意です。本日は、お時間をお取りいただき、ありがとうございます。どうぞよろしくお願いいたします。

面接官　ありがとうございました。では、最後にキムさん、お願いします。　　　　　15

キム　　はい。昭和経済大学経営学部マーケティング学科から参りました、キムサンホです。出身は韓国の釜山です。大学では、ウェブマーケティングのゼミで広告について研究しています。学業以外では、大学内に新しく国際交流サークルを作り、代表として活動しています。本日は、このような貴重なお時間をいただき、ありがとうございます。どうぞよろしくお願いい　　20たします。

面接官　ありがとうございました。では、次に……

	グエンさん	キムさん
学校名	平成大学 国際学部 国際学科	昭和経済大学 経営学部 マーケティング学科
出身	ベトナム	韓国・釜山
学生時代の活動①	専攻： 異文化コミュニケーション	ゼミ： ウェブマーケティング
学生時代の活動②	サークル： 料理研究サークル	サークル： 国際交流サークル　代表

💡「自己紹介」をする時の注意

・話す内容：簡単なプロフィール、学生時代に何をしてきたか、挨拶 (お礼など)

・時間：30秒～1分程度 (特に指定がない場合)

・面接官にあとで質問してもらいたい内容を話すとよい。

・「強み」や「長所」の説明は、「自己PR」や「学生時代に力を入れたこと」を質問された時にする。

問題2 省略

問題3

①b ②b ③a

 数年で帰国する予定がある学生をわざわざ採用して育てたり、入社する可能性が低い学生に内定を出したりしようとする会社は少ない。また、希望しない職種を嫌がる学生は、配属先が希望と違うという理由で、すぐ辞めてしまうのではないかと会社は考える。嘘をつく必要はないが、会社側の気持ちも考えて答えよう。

問題4 聴読解

スクリプト 🔊 13

　グループディスカッションでは4人から8人ぐらいのグループに分かれ、決められ　1
たテーマについてディスカッションし、時間内に結論を出さなければなりません。
テーマは仕事に対する皆さんの考え方を聞くものや、その企業に関連したテーマ、
また、時事問題に関するものなどがあります。そのため、企業研究をしっかりして
おくことや、普段から新聞を読んだりニュースを見たりしておくことが大切です。　5
　企業が面接だけでなく、グループディスカッションを行うのはどうしてでしょう
か。それは、グループワークを通して、皆さんの協調性やコミュニケーション能力
をチェックするためです。留学生の場合、入社後に日本人社員と一緒にうまく仕事
をやっていけるかどうか、見ていることも多いです。
　話し合いの初めに自己紹介をしますが、時間があまりありませんので、簡単な自　10
己紹介でいいでしょう。また、ディスカッションの役割を決める時、自分の日本語
力に心配がある人は、無理に司会や発表を担当することはありません。ただ、話し
合いには積極的に参加するようにしましょう。テーマにもよりますが、留学生の場
合、自分の国と比較して考えたり、自分の国の例を紹介したりすることができるか
もしれません。周りの人の意見もよく聞き、あまり長く話し過ぎないよう気をつけな　15
がら、ディスカッションに貢献しましょう。また、ほかの参加者の様子もよく観察
し、もしあまり発言していない参加者がいたら、その人の意見を聞いてみるのもいい
ですね。
　グループディスカッションでは、参加者全員で時間内にゴールを目指すことが大切
です。同じグループの参加者は敵ではなく仲間だという気持ちで参加しましょう。　20

Q1 d グループディスカッションでは、協調性やコミュニケーション能力が重視される（スクリプト7〜8行目）。そのため、aやcのようにほかの参加者のことを考えない態度はあまりよくない（15〜16行目）。反対に、bのようにディスカッションに消極的な姿勢もよくない（12〜13行目）。dはほかの参加者のことを考えており、協調性が感じられてよい（17行目）。

Q2 ① b、c

② a、f、g

③ d、e、h

Step 3

問題1 省略

> ・面接には練習が必要。友達と一緒に練習する、鏡を見ながら表情を確認する、録音して自分の発音を確かめるなど、何度も練習すること。
> ・質問が分からなかった場合は「申し訳ございません。もう一度、質問をお願いできますか」のように丁寧に依頼する。
> ・志望動機の例は、第4課「志望動機を考えよう！」を参照すること。

問題2 省略